전통몽골어 학습

학습 강독편

전통몽골어 학습 강독편은 저작권자의 허락을 받아 『蒙古语速成会话教程』(苏义拉, 赛音贺希格 저, 내몽골교육출판사, 2017)의 내용을 참고하여 한국 학습자의 학습 목적에 맞도록 새롭게 내용을 구성하였다.

전통몽골어 학습 강독편

초판 1쇄 발행 2025년 6월 30일

지은이 한승연, 김경나
감수 이성규
펴낸이 장길수
펴낸곳 지식과감성#
출판등록 제2012-000081호

교정 김지원
디자인 이현
편집 이현
검수 이주연
마케팅 김윤길

주소 서울시 금천구 벚꽃로298 대륭포스트타워6차 1212호
전화 070-4651-3730~4
팩스 070-4325-7006
이메일 ksbookup@naver.com
홈페이지 www.knsbookup.com

ISBN 979-11-392-2777-2(14730)
ISBN 979-11-392-2745-1 (세트)
값 37,000원

지식과감성#
홈페이지 바로가기

전통몽골어 학습

지식과감성

강독편

저자 한승연, 김경나
감수 이성규

지식과감성#

축사

　몽골 민족은 역사상 약 열 가지의 문자를 사용해 왔으며, 대부분의 문자들은 몽골인들 스스로 만들었고, 두 가지는 20세기 초 외세의 압력으로 인해 어쩔 수 없이 도입하여 사용하게 되었다.

　여러 문자들 가운데 오직 한 문자만이 역사적으로 가장 오랜 기간 동안, 그리고 몽골 계통 민족 전체에서 가장 널리 사용되어 왔다. 이것이 바로 몽골 문자이다. 몽골 문자의 기원에 대해서는 중국 사료를 근거로, 몽골어의 발달 단계 중 중세 몽골어(Middle Mongolian)에 해당하는 13세기 초에 위구르 문자에서 비롯된 것으로 오랫동안 알려져 왔다.

　몽골 문자의 언어는 음운론, 형태론 등 언어의 모든 수준에서 그 이전 시기인 고대 몽골어(Ancient Mongolian)의 특징을 그대로 유지하고 있기에 앞서 말한 견해에 의문을 갖게 만든다. 게다가 지금까지 '종교적인' 내용이라 하여 주목받지 못했던 티베트어 사료에 따르면, 서기 6-7세기경 불교 경전의 영향으로 인해 몽골과 위구르가 각각 소그드인들로부터 자기들의 문자를 받아들였다는 다수의 근거 있는 기록들이 존재한다. 이 시기는 몽골어 발달 단계로 보면 고대 몽골어 시기와 일치한다.

　그렇다면 시간적 그리고 공간적 측면에서 왜 여러 차례 만들어져 사용된 다른 여러 문자들보다 더 뛰어났는가? 하는 질문이 생긴다.

　이 질문에 대한 답으로, 몽골 문자의 가장 중요한 특징이 바로 지역마다 다른 여러 방언에서 다르게 발음되는 모음과 자음을 하나의 문자로 표기해 온 체계(Polyphonic System)라는 점이다. 몽골 문자의 이러한 문자학적 해결 방식(graphical solution)은 다양한 지역 방언 사용자들이 사회적으로 영향력 있는 특정 방언의 지배를 받지 않고 각자의 방언적 특색을 평등하게 유지해 왔다는 것을 의미한다. 동시에 이 다양한 방언 사용자들은 하나의 통일된 몽골어(Indivisible Mongolian)를 향해 나아가며, 중요한 구성 요소로 작용해 왔다. 그러나 나중에 만들어진 모든 문자들은 한 글자가 하나의 음만 표기하는 체계(Monophonic System)를 갖췄기 때문에, 통일된 몽골어에서 분리되는 과정을 피할 수 없었고, 결국 해당 지역에서만 사용되는 정도에 그치게 되었다.

　몽골 문자의 또 하나의 특징은, 발전 과정에서 몽골 전역에서 사용된 고유한 문자어(Writing Mongolian)를 형성했다는 점이다. 몽골 문자의 언어는 몽골어와 사고의 연관성을 인류 보편성과 몽골인의 고유한 사고방식이라는 두 층위에서 균형 있고 정밀하게 담아내고 있다. 따라서 특정 단어의 (오직) 몽골 문자 형태 및 어원

(Etymology)을 살펴보면 그 대상과 관련된 고유한 몽골적 사고방식을 파악할 수 있는 인식론적 가치를 지니고 있다.

아울러 몽골 문자는 공경을 담은 '서예체(fine penmanship)', 예술적 장식성이 가미된 '장식 접힘체(ornamental folded writing)', 급하고 촉박한 상황에서 단어를 생략하지 않고 모두 표기하는 '속기체(speed-writing)' 등 사회의 모든 필요를 고루 충족시킬 수 있는 능력을 갖추고 있으며, 산스크리트어, 티베트어, 중국어 등 외래어와 전문 용어를 표기하는 데 적합한 정교한 전사(transcription) 체계를 지녔다는 또 하나의 장점을 가지고 있다. 산스크리트어 용어를 표기할 수 있다는 것은 어원적으로 인도유럽어족(Indo-European language family)에 속하는 현대 영어, 프랑스어 등 유럽 언어의 용어까지도 모두 대응하여 표기할 수 있다는 뜻이다.

전통 몽골문 학습 입문편/강독편이라는 독특한 구조와 구성으로 만들어진 이 책은 위에서 언급한 몽골 문자의 모든 특징을 적절히 담아내었고, 단지 한국어 사용자뿐만 아니라 우리 젊은 세대가 역사적 이유로 잠시 잊거나 오해받은 유산을 되살려 기억하게 하는 데에 큰 의미가 있다. 더불어, 이 책을 통해 누구든지 현대몽골어에서 표현이 불분명한 단어, 의미, 올바른 표기법 등을 되짚어 돌아보고 몽골 문자를 이해하고 익히는 데 확실한 도움이 될 것임을 기쁜 마음으로 축하하며, 이 책에 찬사의 글을 특별히 지어 전한다.

인문학 과학박사, 교수
타르고드 체웰린 샥다르수렝

2025년 6월 하순
울란바타르

МЯЛААЛГЫН ТАТАЛ ҮГ

Монгол түмэн түүхэндээ арваад бичиг боловсруулан хэрэглэж ирсэн бөгөөд хоёроо с бусадыг нь өөрсөдийнхөө санаачилгаар, нөгөө хоёрыг нь XX зууны эхээр харийн ш ахалтаар арга буюу авч хэрэглэжээ.

Эдгээр олон зүйл бичигээс нэг нь л, цаг хугацааны хувьд, анх буй болсон цагаасаа ө нөөдөрийг хүртэл буюу хамагийн урт удаан, орон зайн хувьд, бүх монгол туургатан н ийтээр буюу хамагийн өргөн хэрэглэгдсээр ирсэн байдаг. Энэ бол монгол бичиг. Мо нгол бичигийн гаралын тухайд, хятад сурвалжийн мэдээг үндэслэн, монгол хэлний х өгжилийн үе шатаар Дундад үе (Middle Mongolian)-д хамаарах буюу XIII зууны эхээр Y йгур бичигээс эх авсан гэж нэгэн хэсэгтээ үзэсээр иржээ. Гэтэл монгол бичигийн хэл нь авиазүй, үгзүй зэрэг хэлний бүх төвшинд түүнээс өмнөхи буюу Эртний монгол хэл (Ancient Mongolian)-ий үейийн онцлогийг хадгалдаг нь дээрхи үзэлийг эргэлзүүлэхэд х үргэдэг. Үүнээс гадна "шашины" гээд анхааралгүй ирсэн төвөд хэлт түүхэн сурвалжий н мэдээгээр христийн тооолын 6-7-р зууны үед Бүддийн шашин номын нөлөөгөөр М онгол, Үйгур хоёр Согдуудаас тус тусынхаа бичигийг авсан гэдэг нэг бус нутлагаатай мэдээ буй. Энэ үе нь Монгол хэлний хөгжилийн үечилэлээр Эртний монгол хэлний үе тэй тохирно.

Тэгвэл монгол бичигийн хэрэглээ цаг хугацаа (Time) хийгээд оронзай (Space)-н хувь д яагаад удаа дараа зохион хэрэглэж ирсэн бусад олон бичигээс давж гарсан юм бэ? гэдэг асуулт гарна.

Үүнд, монгол бичигийн хамагийн гол онцлог нь, нутаг нутагийн олон аялгуунд сэлг эдэг эгшиг болон гийгүүлэгчийг нэгэн үсэгээр тэмдэглэж ирсэн тогтолцоо (Polyphonic System) болно. Монгол бичигийн үсэгзүйн энэхүү шийдэл (graphical solution) нь олон н утагийн аялгуутануудыг тухайнхаа нийгэмийн аль нэгэн нөлөөтэй том аялгууны нөлөө нд авталгүй, өөр өөрийнхөө аялгууны онцлогийг цөм эрх тэгш хадгалж ирсэн гэсэн үг. Ингэхийн хажуугаар тэдгээр олон аялгуутан нэгэдмэл нэг монгол хэл (Indivisible Mongolian)-ний зүг тэмүүлж, салашгүй бүрэлдэхүүн нь болж ирсэн ажээ. Харин сүүлд з охиосон бүх бичигт нэг үсэг нэг авиаг тэмдэглэдэг тогтолцоо (Monophonic System)-то й учир нэгэдмэл монгол хэлнээс салах явцад санамсаргүй хүрч, зөвхөн тухайнхаа нут аг оронд хэрэглэгдэх төдий болоход хүрчээ.

Монгол бичигийн өөр нэг онцлог гэвэл, хөгжилийнхөө явцад нийт монгол даяар хэрэглэж ирсэн өөрийн гэсэн бичигийн хэл (Writting Mongolian)-ийг буй болгосон явдал байлаа. Монгол бичигийн хэл нь монгол хэл, сэтгэхүйн холбоо харилцааг, хүн төрөлхитөний нийтлиг хийгээд монгол хүний өвөрмиц сэтгэлгээний хүрээнд хувь тэнцүү, нарийн тусгаж чадсан тул тухайн үгийн (зөвхөн) монгол бичигээр буй хэлбэр болон гарал (Etymology)-аар нь хөөн үзвэл, тухайн зүйлд холбогдох уугуул монгол сэтгэлгээг нээн тодруулах боломжийг давхар олгодог, танин мэдэхүйн ач холбогдолтой бөлгөө.

Үүний дээр монгол бичиг нь эрхэм хүндэтгэлийн хичээнгүй хэлбэр [fine penmanship], урлаг чимэглэлийн эвхмэл хэлбэр [ornamental folded writing], яаруу давчуу үед үг хаялгүй бүрэн тэмдэглэх түргэн буюу таталган хэлбэр [Speed-writing] зэрэг нийгэмийн бүхий л хэрэгцээг тэгш хангах чадвартай, бас самгард, төвөд, хятад зэрэг гадаад үг, нэр томъёог тэмдэглэх галиг [transcription]-ийн нарийн тогтолцоотой байсаар ирсэн өөр нэг давуу талтай. Самгард хэлний нэр томъёог тэмдэглэнэ гэдэг нь гаралын хувьд Энэдхэг-Европ хэлний бөлөг (the Indo-European language family)-т багтдаг орчин цагийн англи, франц зэрэг Европ хэлний нэр томьёонд бүрэн хамаарах боломжтой гэсэн үг.

Монгол бичигийн тухайд дээр өгүүлсэн бүх онцлогийг зохих хэмжээгээр багтаасан "Үндэсний монгол бичиг" анхан шатны сурах бичиг хэмээх өвөрмиц бүтэц, зохиомжтой энэхүү ном нь зөвхөн солонгос хэлтэнд хүртээлтэй бус, бас (манай) залуу үеийнхинд ч түүхэн учир шалтгааны уламаас түр зуур мартсан, төсөөрсөн өв уламжлалаа сэргээн санах, бас хэн боловч орчин цагийн монгол хэлний эргэлзээ тээнэгэлзээтэй үг, утга, бичилгийн зөв хэлбэрийг эргүүлэн сөхөөн сануулдаг монгол бичигт цагааширахад нь маргаангүй хэрэг тус болно хэмээсэн таатай сэтгэлийнхээ илэрхийлэл болгож энэхүү номд мялаалгын Татал үг-ийг тусгайлж, зориулан бичиж толилуулавай.

Хүмүүнлигийн ШУ-ы доктор, профессор
Таргуд овогт Цэвэлийн ШАГДАРСҮРЭН

2025 оны 6-р сарын хууч
Улаанбаатар хот

추천사

몽골과 중국 내몽골자치구(內蒙古自治区)에서는 몽골어 학습 및 교육 자료가 다수 출판되어 있다. 이러한 몽골어 학습서들은 몽골어에 관심이 있지만 몽골어를 모르는 중국 내 몽골 사람이나 외국인의 요구를 충족시키기 위해 편찬되었다. 하지만 전통몽골어를 배우기 시작한 사람들에게 이러한 몽골어 학습서는 다소 어렵고 난해하게 인식되어 접근이 쉽지 않았다. 그 이유는 몽골어 서적들의 저자와 학자들이 몽골어 애호가(愛好家)들의 실제 요구를 완전히 이해하지 못하였을 뿐만 아니라 체계적이며 종합적인 학습서 편찬이 진행되지 않았기 때문이라 할 수 있다.

사실 몽골어에 대한 가장 기본적인 지식 이외의 내용은 몽골어 화자들의 다양한 요구에 따라 다르게 편찬되어야 한다. 현재 몽골어는 두 가지 문자 형태로 존재하고 있다. 하나는 몽골, 칼미크 공화국, 부랴트 공화국 등에서 주로 사용하고 있는 키릴 문자이고, 다른 하나는 중국의 내몽골자치구에서 사용하고 있는 전통몽골문자이다. 현재 키릴 문자로 쓰인 몽골어 학습서는 전통몽골문자로 쓰인 몽골어 학습서에 비해 상대적으로 그 수가 많다. 그렇기에 전통몽골어 관련 서적의 간행 또한 보다 활성화될 필요가 있다. 특히 2025년 1월 1일부터 키릴문자와 전통몽골문자의 이중병기(二重竝記) 법안이 몽골에서 정식으로 집행 및 시행되고 있기에, 전통몽골어 서적 편찬에 더욱 주력해야 한다.

한국어 『전통몽골문 학습 입문편』과 『전통몽골어 학습 강독편』의 출간은 한국 몽골학 및 몽골어 교육사에 있어 새로운 지평을 여는 의미 있는 이정표로서, 학문사적으로도 주목할 만한 전환점이라 할 수 있다. 과거 한국에서도 전통몽골어와 관련된 문법서가 번역된 바 있다. 다만 이는 한국인 연구자가 직접 집필한 학습서라기보다는, 외국 학자의 기존 문법서를 번역한 저작물에 해당하기에 한국인의 전통몽골어 학습에 대한 실질적인 요구를 충족한다고 보기는 어려웠다.

지금의 현재 학문적 환경과 다양한 현장의 필요성에 힘입어, 한국어판 『전통몽골문 학습 입문편/강독편』이 출간된다. 이는 한국에서 전통몽골어 교육에 실질적인 도움을 줄 수 있는 매우 중요한 자료이다. 『전통몽골문 학습 입문편/강독편』의 저자 한승연 박사는 2012년부터 2018년까지 단국대학교 몽골학과에서 학사 과정을 마치고, 같은 대학원에서 문학 석사 학위를 취득하였다. 이후 2019년부터 2022년까지 중국 내몽골대학교 몽골학학원에서 박사 과정을 수료하고, 문학 박사학위를 받았다. 현재는 단국대학교 부설 몽골연구소에서 학술 연구교수로 재직 중이며, 전통몽골문 및 토드 문자로 기록된 몽골어 자료를 중심으로 언어학적 연구를 수행하고 있다. 아울러 전통몽골어와 키릴몽골어를 포함한 몽골어 교육을 주로 담당하고 있으며, 몽골 문화에 대한 학술적 이해를 바탕으로 강의 역량을 갖춘 신진 연구자이다. 저자 김경나 박사는 몽골국립대학교 몽골어문학과에서 학사 과정을 수학하고, 이후 고려대학교 문화재학협동과정에서 석사학위를 받았다. 이후 단국대학교

몽골학 전공으로 박사학위를 취득하였다. 김경나 박사는 만주어와 전통몽골문에 이해도가 깊으며, 몽골문화와 민속에 대한 연구와 교육을 이어 오고 있는 연구자이다.

이러한 경험을 바탕으로 저자들은 『전통몽골문 학습 입문편/강독편』을 집필할 충분한 자격을 갖추고 있다. 한승연 박사와 김경나 박사가 집필한 『전통몽골문 학습 입문편/강독편』의 가장 큰 특징은 폭넓은 내용을 담고 있다는 점이다. 저자들은 첫째, 몽골인들이 사용하는 글자에 대해 매우 간결하고 명확한 소개를 제공하고 있으며, 각 글자에 대한 소개에는 구육칸의 인장, 칭기스칸 비석, 파스파 문자 패자 등과 같은 실제 유물의 사진을 함께 수록하였다. 둘째, 『전통몽골문 학습 입문편/강독편』에서는 전통몽골어의 문자 체계를 자모 순서에 따라 간략히 소개하고, 특히 모음에 따라 변형되는 문자 형태에 대해 상세하게 설명하였다. 아울러 다양한 단어 및 문장 예시, 문법 설명, 그리고 연습 문제를 함께 구성하여 학습 효과를 높이고자 했다. 셋째, 제시된 전통몽골어의 문자, 단어, 문장 예시에는 모두 라틴문자를 병기하였으며, 키릴 문자 표기도 함께 제공하여 학습자의 이해를 돕고 있다.

『전통몽골문 학습 입문편』과 『전통몽골어 학습 강독편』은 13세기 이후 몽골인들이 사용했던 전통몽골어에 대한 한국 학자들의 자기 이해를 바탕으로 작성되었다. 이 책은 전통몽골어 관습과 몽골어 자체가 지닌 다층적인 문화적 함의를 폭넓은 관점으로 아우르고 있다. 또한 풍부한 어휘 예문과 학습자가 직접 써 보는 연습하기를 포함하여, 주요 내용에 대해 충실한 설명을 제공한다. 이 책은 학습자들이 전통몽골어의 귀중한 유산을 배우고 깊이 이해할 수 있는 보다 나은 환경을 제공할 뿐만 아니라, 한국에서 전통몽골문자 교육에 실질적인 가치를 지니고 있다. 따라서 『전통몽골문 학습 입문편』과 『전통몽골어 학습 강독편』은 실용적이면서도 교훈적인 걸작이라 할 수 있다.

내몽골대학교 교수, 박사

G. 저릭트

2025년 6월 30일 후허하오터

ᠲᠣᠭᠲᠠᠭᠠᠯ ᠤᠨ ᠡᠬᠢᠨ ᠦ ᠬᠡᠰᠡᠭ

머리말

전통몽골문자는 칭기스칸이 대몽골제국을 건설했을 시기인 1204년에 제정된 문자이다. 칭기스칸은 몽골어를 위한 문자 체계를 만들 것을 명령했고, 명을 받은 타타통가는 위구르 문자를 활용하여 몽골어의 표기 체계를 만들었다. 이때 제정된 전통몽골문자는 20세기 초반까지 몽골 사람들의 생활에서 널리 사용되었다.

오늘날 몽골어 표기는 주로 키릴 문자를 사용하지만, 전통몽골문자는 몽골의 정체성을 드러내는 중요한 상징이다. 1990년 민주주의로의 체제 전환 이후 몽골은 수십 차례의 논의를 거쳐 2025년 1월 1일부터 몽골의 모든 공문서에 키릴몽골문과 전통몽골문을 병기하는 법을 시행했다.

전통몽골문에 대한 이해 없이는 몽골의 역사와 문화를 깊이 이해하고 분석하는 데 한계가 있으며, 전통몽골문 자료는 학술적인 차원에서도 매우 중요한 가치를 지닌다. 집필진의 전통몽골문 교과서 제작 취지 또한 이러한 이유에서 시작되었다. 몽골과 몽골어에 대한 관심은 늘어 가지만 전통몽골문을 배울 수 있는 곳은 국내에서 두 대학의 한두 강좌로 한정되어 있고, 우리말로 쓰인 교과서가 없다는 안타까움과 절박함 때문이었다.

한국에서 전통몽골문에 대한 연구는 언어학 분야에서 주로 진행되어 왔다. 전통몽골문의 구조와 어휘, 형태에 대한 언어계통학적 비교연구가 주를 이루었고, 조선시대 사역원의 역학서(譯學書)들은 당시 몽골어 발음을 고증하고 중세 한국어의 특징을 연구하는 데 중요한 자료로 활용되었다. 그러나 여전히 전통몽골문 학습에 대한 벽은 높다.

이 책은 전통몽골문을 쉽게 배울 수 있도록 하기 위한 학습 교재이다. 집필진들이 오랜 기간 몽골과 중국 내몽골자치구에서 실제로 생활하면서 겪었던 경험의 축적이기도 하며, 동시에 '몽골어를 누군가에게 설명한다면 어떻게 해야 조금이라도 쉽게 설명할 수 있을까'라는 고민에 대한 단편적인 답이기도 하다. 전통몽골문 독해의 어려움을 체험하며 늘 생각했던 것은 이후에 한국에서 전통몽골문을 공부하는 이들이 좀 더 수월하게 학습했으면 하는 것이었다.

본 책은 입문편과 강독편으로 나누어지며, 전통몽골문의 기초 요소와 문법을 다루면서도 구어에 좀 더 비중을 두었다. 전통몽골문의 가장 어려운 부분은 같은 문자이지만 다양하게 읽힐 수 있다는 특징이기에 모든 예문에 라틴전사와 키릴몽골문, 한국어 뜻을 첨부했다. 우리말로 배우는 전통몽골문 교재로서 한국어 문법을 기준으로 하여 범주화하고 문법 설명을 더해 보다 직관적으로 이해될 수 있도록 노력했다. 더하여 현대몽골어와 구별되는 문법 부분 또한 함께 수록하였다.

본 교재의 집필진은 몽골어 강의를 진행해 오면서 수업에서 쌓아 온 경험과 17~19세기 몽골학을 연구하는 전공 지식을 바탕으로 전통몽골문을 쉽게 이해할 수 있도록 교재를 구성했다. 한국에서 발간된 최초의 전통 몽골문 학습서라는 점에서 이 책이 한국의 몽골학에 기여할 수 있길 바라며, 아울러 고려시대부터 이어진 한반도와 몽골의 오랜 교류의 역사에서 전통몽골문 자료가 한국 몽골학의 범주를 확장하고 새로운 연구 주제를 찾아 가는 데 도움이 되리라 기대한다.

　감수를 맡아 주신 이성규 교수님께 깊은 감사의 말씀을 올린다. 이성규 교수님의 전통몽골문 강의를 통해 몽골어를 배울 수 있었던 것은 지금까지 그랬듯이 앞으로도 필자들의 자부심이 될 것이다.

　끝으로 지난한 편집과 교열을 세심하게 진행해 주신 지식과 감성에 특히 감사드린다. 모쪼록 이 책을 통해 몽골어에 관심 있는 보다 많은 사람들이 쉽게 전통몽골문을 접할 수 있기를 바란다.

2025년 6월
저자 한승연, 김경나

책의 구성 및 활용법

본 책은 몽골에서 2025년 1월 1일부터 시행되는 키릴몽골문과 전통몽골문 이중병기(二重竝記) 법안에 따라 전통몽골어를 처음 배우는 학습자도 쉽게 학습할 수 있도록 책을 구성하였다. 전통몽골어 기본학습서는 입문편과 강독편으로 구성되어 있다. 강독편에는 몽골어의 기본적인 일상 회화를 중심으로 전통몽골어 본문, 본문 써보기, 전통몽골어 본문 해제(라틴전사-키릴몽골어-한국어), 새로운 단어, 문법 설명, 연습 문제 1, 연습 문제 2, 몽골 문화 더보기 순서로 구성되어 있다. 몽골어에서의 기초 회화부터 마지막에는 중급 회화 텍스트까지 다루어 몽골어의 기초 학습자뿐만 아니라 중급 학습자까지도 흥미를 잃지 않고 몽골어를 공부할 수 있다. 각 과에 포함되어 있는 본문에서 새로 등장하는 단어들과 문법들에 대해 비교적 자세하게 설명하였다. 이러한 설명 바로 뒤에 학생들이 직접 쓰면서 연습해 볼 수 있는 연습하기 부분을 추가하여 전통몽골어를 보다 많이 접할 수 있도록 구성하였다. 또한, 각 장의 마지막 부분에 배치한 몽골 문화 더보기 부분을 통해 몽골의 문화에 대해서도 함께 다루었다.

💡 『전통몽골어 학습 강독편』의 구성을 간략히 정리해 보면 다음과 같다.

1. 전통몽골어 본문
2. 본문 써보기
3. 전통몽골어 본문 해제(라틴전사-키릴몽골어-한국어)
4. 새로운 단어
5. 문법 설명
6. 연습 문제 1, 연습 문제 2
7. 몽골 문화 더보기

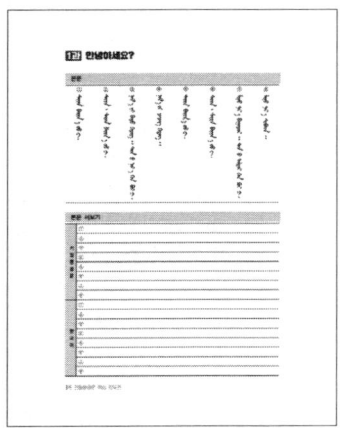

1. 전통몽골어 본문

본문은 몽골에서 실제로 사용되는 기본 회화 문장을 중심으로 구성되었다. 모든 회화 내용은 전통몽골문으로 작성하였으며, 각 문장마다 번호를 부여하여 전통몽골문과 키릴몽골문, 라틴전사와 한국어 뜻을 각각 쉽게 확인할 수 있도록 편집하였다. 『전통몽골어 학습 강독편』에 수록된 대부분의 본문은 8개의 문장으로 구성되어 있다.

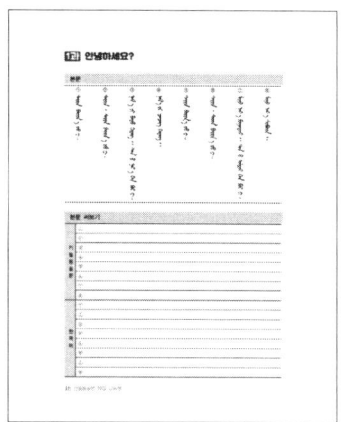

2. 본문 써보기

본문의 내용을 학습한 후 전통몽골문을 학습자가 직접 따라 써 보면서 키릴몽골문과 한국어 부분의 의미를 대조하여 익힐 수 있도록 구성하였다.

3. 전통몽골어 본문 해제

본문의 전통몽골문 내용에 대해 각 문장마다 라틴전사-키릴몽골문-한국어의 순서로 모두 풀이를 더하여 전통몽골문을 처음 접하는 학습자들이 쉽게 의미를 익히고 편리하게 공부할 수 있도록 하였다.

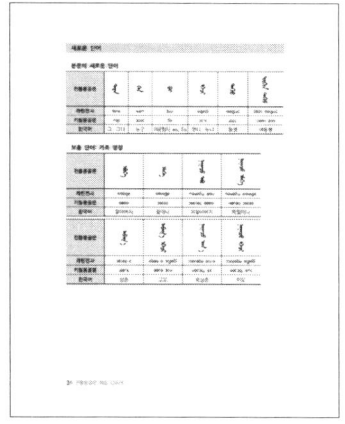

4. 새로운 단어

본문에서 새로 나온 단어들에 대해 전통몽골문-라틴전사-키릴몽골문-한국어의 순서로 각 단어 아래에 표기와 해설을 추가하여 학습자가 혼자서도 쉽게 전통몽골어 단어를 학습할 수 있도록 구성하였다.

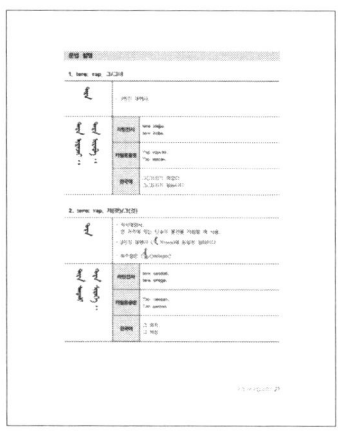

5. 문법 설명

본문에 등장한 전통몽골문 관련 문법 사항과 해당 단어들을 설명하고, 그 아래 연관된 예시들을 추가하였다. 설명과 예시 풀이에도 라틴전사-키릴몽골문-한국어의 순서로 해설을 첨부하여 학습자의 이해를 돕고자 했다.

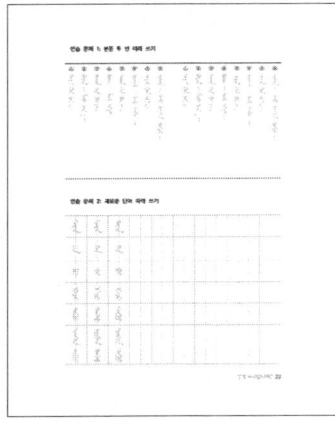

6. 연습 문제 1, 연습 문제 2

해당 과의 전통몽골문 내용을 학습자가 직접 따라 써 보며 익힐 수 있도록 본문 텍스트를 두 번 옅게 배치하였다. 또한 본문에 등장하는 새로운 단어들도 세 번씩 옅게 삽입하여, 학습자가 직접 반복하여 연습할 수 있도록 했다.

7. 몽골 문화 더보기

이 책의 '몽골 문화 더보기' 코너에서는 각 과마다 몽골의 문화, 민속, 역사 등과 관련된 내용을 간략히 소개하였다. 일반 학습자들이 궁금해할 만한 다양한 요소들을 전통몽골어 본문의 주제와 연계하여 배치함으로써, 학습자의 흥미를 일으키고자 노력했다.

일러두기

이 책의 전통몽골문에 대한 로마자 전사는 몽골학계에서 범용적으로 사용하는 N. Poppe(1954), Ш. Чоймаа · П.Найданжав(1990), Ц. Шагдарсүрэн(2001)의 기준을 따랐다.

N. Poppe(1954), 『Grammar of Written Mongolian』, OTTO HARRASSOWITZ·WIESBADEN.

Ш. Чоймаа · П.Найданжав(1990), 『Монгол бичгийн зөв бичих дүрмийн хураангуй』, Улаанбаатар.

Ц. Шагдарсүрэн(2001), 『Монголчуудын үсэг бичгийн товчоон』, Улаанбаатар.

몽골전통문자의 로마자 전사 표기

자모음	전통몽골문자				몽골 키릴문자
	어두형	어중형	어말형	라틴전사	
모음				a	A a
				e	Э э
				i	И и
				o, u	O o, У y
				ö, ü	Θ θ, Y γ
자음				n	Н н
				ng	нг
				b	Б б
				b	В в
				q	Х х
				k	
				γ	Г г
				g	
				s	C c
				s	Ш ш
				š	
				d	Д д, Т т
				t	
				l	Л л
				m	М м
				č	Ц ц, Ч ч
				ǰ	Ж ж, З з
				r	Р р
				y	Е е, Ё ё, Й й, Ю ю, Я я
				p	П п
				lh	ЛХ лх
				ė	Е е
				š	Ш ш
				f	Ф ф
				z	З з
				c	Ц ц
				ž	Ж ж
				ḱ	К к
				h	Х х
				ḋ, ṫ	Д д, Т т
				v	В в

목차

1과 안녕하세요?

본문

① ᠰᠠᠢᠨ ᠪᠠᠢᠨ᠎ᠠ ᠤᠤ?

② ᠰᠠᠢᠨ᠂ ᠰᠠᠢᠨ ᠪᠠᠢᠨ᠎ᠠ ᠤᠤ?

③ ᠲᠠ᠋ ᠨᠠᠷ ᠰᠠᠢᠨ ᠪᠠᠢᠨ᠎ᠠ᠄᠄ ᠲᠠᠨ ᠤ ᠠᠬ᠎ᠠ ᠰᠠᠢᠨ ᠪᠠᠢᠨ᠎ᠠ ᠤᠤ?

④ ᠲᠠ᠋ ᠨᠠᠷ ᠰᠠᠢᠨ ᠪᠠᠢᠨ᠎ᠠ᠄᠄

⑤ ᠰᠠᠢᠨ ᠪᠠᠢᠨ᠎ᠠ ᠤᠤ?

⑥ ᠰᠠᠢᠨ᠂ ᠰᠠᠢᠨ ᠪᠠᠢᠨ᠎ᠠ ᠤᠤ?

⑦ ᠮᠢᠨᠦ᠋ ᠪᠡᠶ᠎ᠡ ᠰᠠᠢᠨ᠄᠄ ᠲᠠ ᠤ ᠪᠡᠶ᠎ᠡ ᠰᠠᠢᠨ ᠪᠠᠢᠨ᠎ᠠ ᠤᠤ?

⑧ ᠮᠢᠨᠦ᠋ ᠪᠡᠶ᠎ᠡ ᠰᠠᠢᠨ᠄᠄

본문 써보기

키릴몽골문	①
	②
	③
	④
	⑤
	⑥
	⑦
	⑧
한국어	①
	②
	③
	④
	⑤
	⑥
	⑦
	⑧

본문 해제

①	라틴전사	sayin bayin-a uu?
	키릴몽골문	Сайн байна уу?
	한국어	안녕하세요?
②	라틴전사	sayin, sayin bayin-a uu?
	키릴몽골문	Сайн, Сайн байна уу?
	한국어	네, 안녕하세요?
③	라틴전사	nam-a-yi batu gedeg. tan-u ner-e ken bui?
	키릴몽골문	Намайг Бат гэдэг. Таны нэр хэн бэ?
	한국어	나는 바트라고 합니다. 당신의 이름은 무엇입니까?
④	라틴전사	nam-a-yi čečeg gedeg.
	키릴몽골문	Намайг Цэцэг гэдэг.
	한국어	나는 체첵이라고 합니다.
⑤	라틴전사	sayin bayin-a uu?
	키릴몽골문	Сайн байна уу?
	한국어	안녕하세요?
⑥	라틴전사	sayin, sayin bayin-a uu?
	키릴몽골문	Сайн, Сайн байна уу?
	한국어	네, 안녕하세요?
⑦	라틴전사	minu ner-e baɣatur. tan-u aldar ken bui?
	키릴몽골문	Миний нэр Баатар. Таны алдар хэн бэ?
	한국어	나의 이름은 바타르입니다. 당신의 성함은 무엇입니까?
⑧	라틴전사	minu ner-e subud.
	키릴몽골문	Миний нэр Сувд.
	한국어	나의 이름은 솝드입니다.

본문의 새로운 단어

전통몽골문	𖾖	𖾗	𖾘	𖾙	𖾚	𖾛
라틴전사	sayin	nam-a-yi	tan-u	ner-e	minu	aldar
키릴몽골문	сайн	намайг	та	нэр	миний	алдар
한국어	좋다	나를	당신	이름	나의	성함, 존함

문법 설명

1. nam-a-yi: намайг, 나를

𖾗	- 1인칭 대명사 단수 〈𖾜〉(bi: би)에 목적격 어미 〈𖾝〉(yi)가 결합된 형태. - 〈𖾝〉(yi)는 목적격 어미 중 하나.

	라틴전사	eǰi abu-yi bariba. tere nam-a-yi qaraba.
	키릴몽골문	Ээж аавыг барьсан. Тэр намайг харсан.
	한국어	어머니는 아버지를 잡았다. 그는 나를 보았다.

2. tan-u: таны, 당신의

<mongolian script>	- 2인칭 대명사 단수 〈<mongolian>〉(ta: та)에 소유격 어미 〈<mongolian>〉(u)가 결합된 형태. - 〈<mongolian>〉(u)는 소유격 어미 중 하나.

<mongolian script> <mongolian script>	라틴전사	tan-u abu. tan-u nom.
	키릴몽골문	Таны аав. Таны ном.
	한국어	당신의 아버지. 당신의 책.

3. minu: миний, 나의

<mongolian script>	- 1인칭 대명사 단수 〈<mongolian>〉(bi: би)의 소유격 형태.

<mongolian script> <mongolian script>	라틴전사	minu eǰi. minu abu.
	키릴몽골문	Миний ээж. Миний аав.
	한국어	나의 어머니. 나의 아버지.

연습 문제 1: 본문 두 번 따라 쓰기

①	②	③	④	⑤	⑥	⑦	⑧		①	②	③	④	⑤	⑥	⑦	⑧

연습 문제 2: 새로운 단어 따라 쓰기

몽골 문화 더보기

몽골에서 도시에 사는 사람들은 남녀 구별 없이 만나면 악수하고 가벼운 포옹을 한다. 친근함을 표시하는 경우에는 양쪽 뺨을 번갈아 맞대어 인사하기도 한다. 시골에서는 조금 다른 경우도 있는데, 지방 사람들은 만나면 먼저 가축의 안부를 묻고 그다음에 가족의 안부를 묻는다. 초원에서는 가축을 기르는 유목민들이 많기에 이러한 인사법이 자연스럽다.

2과 누구입니까?

본문

①	②	③	④	⑤	⑥	⑦	⑧

(몽골 문자 본문)

본문 써보기

키릴몽골문	①	
	②	
	③	
	④	
	⑤	
	⑥	
	⑦	
	⑧	
한국어	①	
	②	
	③	
	④	
	⑤	
	⑥	
	⑦	
	⑧	

본문 해제

①	라틴전사	tere ken bui?
	키릴몽골문	Тэр хэн бэ?
	한국어	그는 누구입니까?
②	라틴전사	buyan. minu aq-a.
	키릴몽골문	Буяан. Миний ах.
	한국어	보양. 나의 형(오빠)입니다.
③	라틴전사	tere ken bui?
	키릴몽골문	Тэр хэн бэ?
	한국어	그녀는 누구입니까?
④	라틴전사	bolur. minu egeči.
	키릴몽골문	Болор. Миний эгч.
	한국어	벌러르. 나의 언니(누나)입니다.
⑤	라틴전사	tere ken bui?
	키릴몽골문	Тэр хэн бэ?
	한국어	그는 누구입니까?
⑥	라틴전사	orgil. minu degüü.
	키릴몽골문	Оргил. Миний дүү.
	한국어	어르길. 나의 (남)동생입니다.
⑦	라틴전사	tere ken bui?
	키릴몽골문	Тэр хэн бэ?
	한국어	그녀는 누구입니까?
⑧	라틴전사	nomin. minu ükin degüü.
	키릴몽골문	Номин. Миний охин дүү.
	한국어	너밍. 나의 여동생입니다.

새로운 단어

본문의 새로운 단어

전통몽골문	ᡐᡝᠷᡝ	ᡘᡝᠨ	ᠪᡠᡳ	ᡝᡤᡝᠴᡳ	ᡑᡝᡤᡉᡉ	ᡠᡘᡳᠨ ᡑᡝᡤᡉᡉ
라틴전사	tere	ken	bui	egeči	degüü	ükin degüü
키릴몽골문	тэр	хэн	бэ	эгч	дүү	охин дүү
한국어	그, 그녀	누구	의문첨사 вэ, бэ	언니, 누나	동생	여동생

보충 단어: 가족 명칭

전통몽골문	ᡝᠪᡉᡤᡝ	ᡝᠮᡝᡤᡝ	ᠨᠠᠶᠠᠴᡠ ᠠᠪᡠ	ᠨᠠᠶᠠᠴᡠ ᡝᠮᡝᡤᡝ
라틴전사	ebüge	emege	naɣaču abu	naɣaču emege
키릴몽골문	өвөө	эмээ	нагац өвөө	нагац эмээ
한국어	할아버지	할머니	외할아버지	외할머니

전통몽골문	ᠠᠪᠠᠶᠠ	ᠠᠪᠠᠶᠠ ᡝᡤᡝᠴᡳ	ᠨᠠᠶᠠᠴᡠ ᠠᠺᠠ	ᠨᠠᠶᠠᠴᡠ ᡝᡤᡝᠴᡳ
라틴전사	abaɣ-a	abaɣ-a egeči	naɣaču aq-a	naɣaču egeči
키릴몽골문	авга	авга эгч	нагац ах	нагац эгч
한국어	삼촌	고모	외삼촌	이모

문법 설명

1. tere: тэр, 그/그녀

ᠲᠡᠷᠡ		– 3인칭 대명사.

	라틴전사	tere ideǰei. tere irebe.
	키릴몽골문	Тэр иджээ. Тэр ирсэн.
	한국어	그(그녀)가 먹었다. 그(그녀)가 왔습니다.

2. tere: тэр, 저(것)/그(것)

ᠲᠡᠷᠡ	– 지시대명사. – 먼 거리에 있는 단수의 물건을 지칭할 때 사용. – 3인칭 대명사 〈 ᠲᠡᠷᠡ 〉(tere)와 동일한 형태이다. – 복수형은 〈 ᠲᠡᠳᠡᠭᠡᠷ 〉(tedeger).

	라틴전사	tere sandali. tere sirege.
	키릴몽골문	Тэр сандал. Тэр ширээ.
	한국어	그 의자. 그 책상.

3. ken: хэн, 누구

ᠬᠡᠨ	- 의문사 중 하나. - 사람에 대한 의문대명사.	
ᠬᠡᠨ ᠡᠨᠡ ᠬᠣᠭᠣᠯᠠ ᠢ ᠢᠳᠡᠭᠰᠡᠨ ᠪᠤᠢ?	**라틴전사**	ken ene qoɣula-yi idegsen bui? ken bui?
	키릴몽골문	Хэн энэ хоолыг идсэн бэ? Хэн бэ?
	한국어	누가 이 음식을 먹었습니까? 누구십니까?

4. -bui: -вэ/-бэ, ~입니까?

ᠪᠤᠢ	- 의문첨사. - 문장 중에 의문사가 있으면 문장 뒤에 첨가. - 문장 앞 단어와의 모음조화와 상관없이 ⟨ᠪᠤᠢ⟩(bui) 형태만 사용.	
ᠪᠠᠭᠰᠢ ᠬᠡᠵᠢᠶᠡ ᠢᠷᠡᠬᠦ ᠪᠤᠢ?	**라틴전사**	baɣsi keǰiy-e irekü bui? tere ken bui?
	키릴몽골문	Багш хэзээ ирэх вэ? Тэр хэн бэ?
	한국어	선생님은 언제 오십니까? 그는 누구입니까?

연습 문제 1: 본문 두 번 따라 쓰기

①	②	③	④	⑤	⑥	⑦	⑧	①	②	③	④	⑤	⑥	⑦	⑧

연습 문제 2: 새로운 단어 따라 쓰기

몽골 문화 더보기

몽골에서는 남성들끼리 코담배를 교환하는 풍습이 있다. 코담배는 한 손에 쥘 만한 작은 병에 담긴 담배 가루를 코에 대고 냄새를 맡는 형태이다. 코담배는 몽골 남성들이 즐기는 취미로, 코담배를 서로 교환하며 친목을 다지기도 한다.

3과 무엇입니까?

본문

①	②	③	④	⑤	⑥	⑦	⑧
ᠲᠡᠷᠡ ᠶᠠᠭᠤᠮᠠ ᠪᠤᠢ?	ᠲᠡᠷᠡ ᠮᠣᠷᠢ ᠪᠠᠶᠢᠨ᠎ᠠ᠃	ᠲᠡᠷᠡ ᠶᠠᠭᠤᠮᠠ ᠪᠤᠢ?	ᠲᠡᠷᠡ ᠮᠣᠷᠢ ᠲᠡᠮᠡᠭᠡ ᠬᠣᠶᠠᠷ ᠪᠠᠶᠢᠨ᠎ᠠ᠃	ᠲᠡᠷᠡ ᠶᠠᠭᠤᠮᠠ ᠪᠤᠢ?	ᠲᠡᠷᠡ ᠮᠣᠷᠢ ᠪᠠᠶᠢᠨ᠎ᠠ᠃	ᠲᠡᠷᠡ ᠶᠠᠭᠤᠮᠠ ᠪᠤᠢ?	ᠲᠡᠷᠡ ᠮᠣᠷᠢ ᠪᠠᠶᠢᠨ᠎ᠠ᠃

본문 써보기

키릴몽골문	①	
	②	
	③	
	④	
	⑤	
	⑥	
	⑦	
	⑧	
한국어	①	
	②	
	③	
	④	
	⑤	
	⑥	
	⑦	
	⑧	

본문 해제

①	라틴전사	ene yaγu bui?
	키릴몽골문	Энэ юу вэ?
	한국어	이것은 무엇입니까?
②	라틴전사	ene bol qaranda.
	키릴몽골문	Энэ бол харандаа.
	한국어	이것은 연필입니다.
③	라틴전사	ene yaγu bui?
	키릴몽골문	Энэ юу вэ?
	한국어	이것은 무엇입니까?
④	라틴전사	ene bol saγsun bömbüge.
	키릴몽골문	Энэ бол сагсан бөмбөг.
	한국어	이것은 농구공입니다.
⑤	라틴전사	ene yaγu bui?
	키릴몽골문	Энэ юу вэ?
	한국어	이것은 무엇입니까?
⑥	라틴전사	ene bol malaγai.
	키릴몽골문	Энэ бол малгай.
	한국어	이것은 모자입니다.
⑦	라틴전사	ene yaγu bui?
	키릴몽골문	Энэ юу вэ?
	한국어	이것은 무엇입니까?
⑧	라틴전사	ene bol tėlwis[1]
	키릴몽골문	Энэ бол телевиз.
	한국어	이것은 텔레비전입니다.

---

1 ≒ < 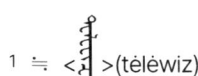 >(tėlėwiz)

새로운 단어

본문의 새로운 단어

전통몽골문						
라틴전사	bol	yaɣu	qaranda	saɣsun bömbüge	malaɣai	tėlwis
키릴몽골문	бол	юу	харандаа	сагсан бөмбөг	малгай	телевиз
한국어	~은/는	무엇	연필	농구공	모자	텔레비전

전통몽골문						
라틴전사	ayaɣ-a	qunday-a	sabq-a	qalbaɣ-a	sinaɣ-a	tabaɣ
키릴몽골문	аяга	хундага	савх	халбага	шанага	таваг
한국어	찻잔, 컵	술잔	젓가락	숟가락	국자	접시

문법 설명

1. ene: энэ, 이, 이것

	- 지시대명사. - 가까운 단수를 지칭.

	라틴전사	ene qaranda. ene sirege.
	키릴몽골문	Энэ харандаа. Энэ ширээ.
	한국어	이 연필. 이 책상.

2. edeger: эдгээр, 이것들

ᡠᡳᡩᡠᡤᡠᡳ	– 지시대명사 〈ᡠᡳ〉(ene)의 복수 형태.

	라틴전사	edeger balaluγur. edeger nom.
	키릴몽골문	Эдгээр баллуур. Эдгээр ном.
	한국어	이 지우개들. 이 책들.

3. bol: бол, ~은/는

�†ᡅᠯ	– 주어지시사.

	라틴전사	tere bol čeber usu. ene bol abu-yin nom.
	키릴몽골문	Тэр бол цэвэр ус. Энэ бол аавын ном.
	한국어	저것은 깨끗한 물이다. 이것은 아버지의 책이다.

연습 문제 1: 본문 두 번 따라 쓰기

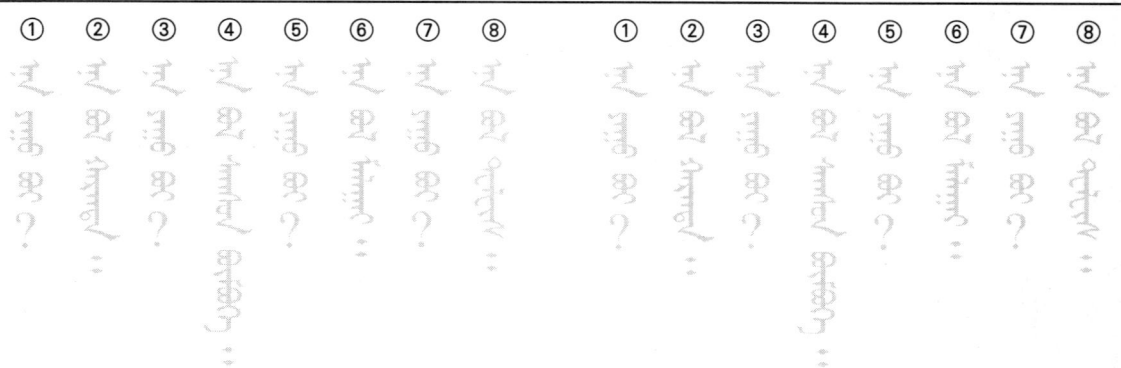

연습 문제 2: 새로운 단어 따라 쓰기

몽골 문화 더보기

몽골에서 손가락으로 사람을 가리키는 행동은 금기 사항이다. 손가락은 동물을 가리킬 때 사용하고, 사람에게는 손바닥을 위로 향하게 해서 공손히 가리켜야 한다.

4과 몇 살이니?

① ᠪᠢ ᠨᠢᠭᠡ ᠨᠠᠮᠤᠷ ᠬᠡᠳᠦ ᠪᠤᠢ?

② ᠦᠦ ᠲᠠᠨᠠᠢ ᠠᠬᠠ ᠨᠠᠮᠤᠷ ᠬᠡᠳᠦ ᠁

③ ᠲᠡᠷᠡ ᠨᠢᠭᠡ ᠨᠠᠮᠤᠷᠠᠢ ᠪᠤᠢ?

④ ᠲᠡᠷᠡ ᠲᠠᠨᠠᠢ ᠡᠬᠡ ᠨᠠᠮᠤᠷᠠᠢ ᠁

⑤ ᠨᠠᠰᠤᠨ ᠨᠢᠭᠡ ᠨᠠᠮᠤᠷ ᠬᠡᠳᠦ ᠪᠤᠢ?

⑥ ᠨᠠᠰᠤᠨ ᠨᠠᠰᠤᠨ ᠨᠠᠮᠤᠷ ᠬᠡᠳᠦ ᠁ ᠨᠢᠭᠡ ᠬᠡᠳᠦ ᠁

⑦ ᠡᠨᠡᠬᠡᠨ ᠨᠢᠭᠡ ᠨᠠᠮᠤᠷᠠᠢ ᠪᠤᠢ?

⑧ ᠨᠠᠰᠤᠨ ᠥᠪᠡᠷ ᠨᠠᠮᠤᠷᠠᠢ ᠁ ᠲᠡᠷᠡ ᠪᠢ ᠨᠠᠰᠤᠯᠠᠬᠤ ᠮᠢᠨᠢ ᠁

키 릴 몽 골 문	①
	②
	③
	④
	⑤
	⑥
	⑦
	⑧
한 국 어	①
	②
	③
	④
	⑤
	⑥
	⑦
	⑧

본문 해제

①	라틴전사	či kedün nasu-tai bui?
	키릴몽골문	Чи хэдэн настай вэ?
	한국어	너 몇 살이니?
②	라틴전사	bi qorin qoyar nasu-tai.
	키릴몽골문	Би 22(хорин хоёр) настай.
	한국어	나는 22살이야.
③	라틴전사	tere kedün nasutai bui?
	키릴몽골문	Тэр хэдэн настай вэ?
	한국어	그(그녀)는 몇 살이니?
④	라틴전사	tere qorin tabun nasutai.
	키릴몽골문	Тэр 25(хорин таван) настай.
	한국어	그(그녀)는 25살이야.
⑤	라틴전사	naran kedün nasu-tai bui?
	키릴몽골문	Наран хэдэн настай вэ?
	한국어	나랑(Наран)은 몇 살이니?
⑥	라틴전사	arban naiman nasu-tai. nada-tai čičau.
	키릴몽골문	18(арван найман) настай. надтай чацуу.
	한국어	18살이야. 나랑 동갑이야.
⑦	라틴전사	baɣatur kedün nasutai bui?
	키릴몽골문	Баатар хэдэн настай вэ?
	한국어	바타르는 몇 살이니?
⑧	라틴전사	qorin tabun nasutai. nada-ača ɣurba aq-a.
	키릴몽골문	25(хорин таван) настай. надаас 3(гурав) ах.
	한국어	25살이야. 나보다 3살 형이야.

새로운 단어

본문의 새로운 단어

전통몽골문	ᠪᠢ	ᠴᠢ	ᠬᠡᠳᠦᠨ	ᠨᠠᠰᠤ	ᠬᠣᠷᠢᠨ ᠬᠣᠶᠠᠷ
라틴전사	bi	či	kedün	nasu	qorin qoyar
키릴몽골문	би	чи	хэдэн	нас	хорин хоёр
한국어	나	너	몇(얼마)	나이	스물둘

전통몽골문	ᠬᠣᠷᠢᠨ ᠲᠠᠪᠤ	ᠨᠠᠳᠠ	ᠴᠢᠴᠠᠤ	ᠠᠬ᠎ᠠ
라틴전사	qorin tabu	nada	čičau	aq-a
키릴몽골문	хорин тав	над	чацуу	ах
한국어	스물다섯	나에게	동갑	형, 오빠

보충 단어: 숫자

전통몽골문	ᠨᠢᠭᠡ	ᠬᠣᠶᠠᠷ	ᠭᠤᠷᠪᠠ	ᠳᠥᠷᠪᠡ	ᠲᠠᠪᠤ	ᠵᠢᠷᠭᠤᠭ᠎ᠠ	ᠳᠣᠯᠤᠭ᠎ᠠ	ᠨᠠᠢᠮᠠ
라틴전사	nige	qoyar	γurba	dörbe	tabu	ǰirγuγ-a	doluγ-a	naima
키릴몽골문	нэг	хоёр	гурав	дөрөв	тав	зургаа	долоо	найм
한국어	1	2	3	4	5	6	7	8

전통몽골문	ᠶᠢᠰᠦ	ᠠᠷᠪᠠ	ᠵᠠᠭᠤ	ᠮᠢᠩᠭ᠎ᠠ	ᠲᠦᠮᠡ	ᠳᠦᠩᠰᠢᠭᠤᠷ	ᠵᠠᠭᠤᠨ ᠰᠠᠶ᠎ᠠ
라틴전사	yisü	arba	ǰaγu	mingγ-a	tüme	düngsiγur	ǰaγun say-a
키릴몽골문	ес	арав	зуу	мянга	түм	дүнчүүр	зуун сая
한국어	9	10	100	1,000	10,000	억(億)	

문법 설명

1. nada-tai: надтай, 나와 함께, 나와 같이

ᠨᠠ ᠳᠠᠢ	– 〈 ᠳᠠᠢ 〉는 몽골어에서 공동격 어미. – 1인칭 대명사 〈ᠪᠢ〉(bi)와 공동격 어미 〈 ᠳᠠᠢ 〉(tai/tei)가 결합한 형태. – 〈 ᠳᠠᠢ 〉(tai/tei)는 몽골어의 공동격 어미.

	라틴전사	qurdun irejü nada-tai qamtu yabuba. nada-tai čičau.
	키릴몽골문	Хурдан ирж надтай хамт ирсэн. Надтай чацуу.
	한국어	빨리 와서 나와 함께 갔다. 나와 동갑이다.

2. nada-ača: надаас, 나에게서/나로부터

ᠨᠠ ᠠᠴᠠ	– 1인칭 대명사 〈ᠪᠢ〉(bi)와 탈격 어미 〈ᠠᠴᠠ〉(ača/eče)가 결합한 형태. – 〈ᠠᠴᠠ〉(ača/eče)는 몽골어의 탈격 어미.

	라틴전사	ger-eče irebe. nada-ača γurba nasu baγ-a.
	키릴몽골문	Гэрээс ирсэн. Надаас гурван нас бага.
	한국어	집에서 왔다. 나보다 세 살 적다.

연습 문제 1: 본문 두 번 따라 쓰기

①	②	③	④	⑤	⑥	⑦	⑧	①	②	③	④	⑤	⑥	⑦	⑧

연습 문제 2: 새로운 단어 따라 쓰기

몽골 문화 더보기

몽골에서는 한국과 달리 비슷한 나이인 1~5살 차이에서는 언니, 오빠, 형, 누나라는 호칭을 쓰지 않고 보통 이름을 부른다. 언니, 누나에 해당하는 эгч, 오빠, 형에 해당하는 ax는 나이 차이가 7~10세 이상 나는 사람을 지칭한다.

5과 무엇이 있나요?

① ᠬᠤᠷᠭᠠᠯ ᠳᠤ ᠶᠠᠭᠤ ᠪᠠᠢᠨᠠ ᠂?

② ᠬᠤᠷᠭᠠᠯ ᠤ ᠳᠡᠷᠭᠡᠳᠡ ᠪᠠᠢᠨᠠ ᠂᠂

③ ᠱᠢᠷᠡᠭᠡ ᠶᠢᠨ ᠳᠡᠭᠡᠷᠡ ᠪᠠᠢᠨᠠ ᠂?

④ ᠨᠤᠮ ᠪᠠᠢᠨᠠ ᠂᠂

⑤ ᠨᠤᠮ ᠤ ᠳᠡᠭᠡᠷᠡ ᠪᠠᠢᠨᠠ ᠂?

⑥ ᠬᠡᠪᠲᠡᠨ ᠪᠠᠢᠨᠠ ᠂᠂

⑦ ᠬᠤᠷᠭᠠᠯ ᠳᠤᠲᠤᠷᠠ ᠶᠠᠭᠤ ᠪᠤᠢ ᠂?

⑧ ᠲᠡᠷᠡ ᠪᠤᠢ ᠂᠂

본문 써보기		
키릴몽골문	①	
	②	
	③	
	④	
	⑤	
	⑥	
	⑦	
	⑧	
한국어	①	
	②	
	③	
	④	
	⑤	
	⑥	
	⑦	
	⑧	

본문 해제

①	라틴전사	örügen-dü yaɣu bayin-a?
	키릴몽골문	Өрөөнд юу байна?
	한국어	방에 뭐가 있나요?
②	라틴전사	qubčasun-u šügüi bayin-a.
	키릴몽골문	Хувцасны шүүгээ байна.
	한국어	옷장이 있습니다.
③	라틴전사	šügüi-dü yaɣu bayin-a?
	키릴몽골문	Шүүгээнд юу байна?
	한국어	옷장 안에 뭐가 있나요?
④	라틴전사	čüngkü bayin-a.
	키릴몽골문	Цүнх байна.
	한국어	가방이 있습니다.
⑤	라틴전사	čüngkün-dü yaɣu bayin-a?
	키릴몽골문	Цүнхэнд юу байна?
	한국어	가방에 뭐가 있나요?
⑥	라틴전사	qaranda bayin-a.
	키릴몽골문	Харандаа байна.
	한국어	연필이 있습니다.
⑦	라틴전사	öger-e yaɣum-a ügei üü?
	키릴몽골문	Өөр юм үгүй юу?
	한국어	다른 건 없나요?
⑧	라틴전사	nom-tai.
	키릴몽골문	Номтой.
	한국어	책이 있습니다.

본문의 새로운 단어

전통몽골문				
라틴전사	bayiqu	abdar-a	abdaralaqu	qoryulaqu
키릴몽골문	байх	авдар	авдарлах	хоргслох
한국어	있다	상자	상자에 넣다	진열장에 넣다

보충 단어: 주변 물건

전통몽골문							
라틴전사	čüngkü	tamir-un qubčasu	čamča	ayalal	bükü	yayum-a	bolyan
키릴몽골문	цүнх	тамирын хувцас	цамц	аялал	бүх	юм	болгон
한국어	가방	운동복	셔츠	여행	전부	물품	~마다

문법 설명

1. γaltu tergen deger-e: галт тэрэгэн дээр, 기차 위에

- 〈 〉(deger-e: дээр)는 위치를 표시한다.

	라틴전사	γaltu tergen deger-e. siregen deger-e talbiba.
	키릴몽골문	Галт тэрэгэн дээр. Ширээн дээр тавьсан.
	한국어	기차에서. 탁자 위에 놓았다.

연습 문제 1: 본문 두 번 따라 쓰기

① ② ③ ④ ⑤ ⑥ ⑦ ⑧　　① ② ③ ④ ⑤ ⑥ ⑦ ⑧

연습 문제 2: 새로운 단어 따라 쓰기

몽골 문화 더보기

몽골은 식사 자리에서의 예절을 중시한다. 음식을 권할 때는 두 손으로, 받는 사람은 소매를 걷은 후 왼손으로 오른손 팔목을 받쳐 들어 음식을 받는다. 집주인이 권한 술은 마시지 못하더라도 입술을 잔에 대거나 마시는 시늉을 한 후 내려놓는 것이 예의이다.

몽골에서 존경이나 감사, 정성을 표시할 때 상대방에게 선사하는 긴 비단 천을 하닥(хадаг)이라고 한다. 특히 명절이나 기념일, 경사 등 행사에 스승, 가족, 승려, 귀한 손님에게 존경의 표시로 하닥을 선물한다. 맨 먼저 두 겹으로 포개고, 팔을 바깥으로 가지런히 편 뒤 손으로 받치면서 손님에게 드린다. 또한 어워, 신성한 나무, 종교적 장소 등 신앙 대상물에 예를 표하며 장식할 때에도 푸른 하닥이 사용된다.

6과 몇 시입니까?

본문

① ᠬᠡᠳᠦᠨ ᠴᠠᠭ ᠪᠣᠯᠣᠪᠠ ?

② ᠠᠷᠪᠠᠨ ᠴᠠᠭ ᠪᠣᠯᠪᠠ ᠁

③ ᠬᠡᠳᠦᠨ ᠴᠠᠭ ᠪᠣᠯᠣᠪᠠ ?

④ ᠭᠤᠷᠪᠠᠨ ᠴᠠᠭ ᠬᠠᠭᠠᠰ ᠁

⑤ ᠬᠡᠳᠦᠨ ᠴᠠᠭ ᠪᠣᠯᠣᠪᠠ ?

⑥ ᠬᠡᠳᠦ ᠶᠢᠨ ᠠᠷᠪᠠᠨ ᠴᠠᠭ ᠁

⑦ ᠬᠡᠳᠦᠨ ᠴᠠᠭ ᠪᠣᠯᠣᠪᠠ ?

⑧ ᠬᠡᠳᠦ ᠶᠢᠨ ᠴᠠᠭ ᠪᠣᠯᠠᠨ ᠁

본문 써보기

키릴몽골문	
	①
	②
	③
	④
	⑤
	⑥
	⑦
	⑧

한국어	
	①
	②
	③
	④
	⑤
	⑥
	⑦
	⑧

본문 해제

①	라틴전사	odu kedün čaɣ bolǰu bayin-a?
	키릴몽골문	Одоо хэдэн цаг болж байна (вэ)?
	한국어	지금 몇 시입니까? (몇 시가 되고 있습니까?)
②	라틴전사	doluɣan čaɣ qaɣas.
	키릴몽골문	7:30 (долоон цаг хагас).
	한국어	7시 반입니다.
③	라틴전사	odu kedün čaɣ bolǰu bayin-a?
	키릴몽골문	Одоо хэдэн цаг болж байна (вэ)?
	한국어	지금 몇 시입니까?
④	라틴전사	yisün čaɣ arban minüṫ.
	키릴몽골문	9:10 (есөн цаг арван минут).
	한국어	9시 10분입니다.
⑤	라틴전사	odu kedün čaɣ bolǰu bayin-a?
	키릴몽골문	Одоо хэдэн цаг болж байна (вэ)?
	한국어	지금 몇 시입니까?
⑥	라틴전사	orui-yin ǰirɣuɣan čaɣ qori.
	키릴몽골문	Оройн 6:20 (зургаан цаг хорь).
	한국어	저녁 6시 20분입니다.
⑦	라틴전사	odu kedün čaɣ bolǰu bayin-a (вэ)?
	키릴몽골문	Одоо хэдэн цаг болж байна?
	한국어	지금 몇 시입니까?
⑧	라틴전사	söni-yin arban čaɣ döči.
	키릴몽골문	Шөнийн 10:40 (арван цаг дөч).
	한국어	밤 10시 40분입니다.

새로운 단어

본문 중 새로운 단어

전통몽골문	ᠣᠳᠣ	ᠴᠠᠭ	ᠬᠠᠭᠠᠰ	ᠮᠢᠨᠦᠲ	ᠣᠷᠣᠢ	ᠬᠣᠷᠢ	ᠳᠥᠴᠢ
라틴전사	odu	čaɣ	qaɣas	minüt	orui	qori	döči
키릴몽골문	одоо	цаг	хагас	минут	орой	хорь	дөч
한국어	지금	시간, 시	절반	분(minute)	저녁	20	40

보충 단어

전통몽골문	ᠡᠳᠦᠷ	ᠰᠥᠨᠢ	ᠥᠷᠯᠥᠭᠡ	ᠣᠷᠣᠢ	ᠦᠳᠡ	ᠮᠥᠴᠡ
라틴전사	edür	söni	örlüge	orui	üde	möče
키릴몽골문	өдөр	шөнө	өглөө	орой	үд	мөч
한국어	낮, 주간	밤, 야간	아침	저녁	정오	15분

문법 설명

1. kedün: хэдэн, ~몇

ᠬᠡᠳᠦᠨ	– 의문사 〈ᠬᠡᠳᠦ〉(kedü)의 한정형.	

ᠬᠡᠳᠦᠨ ᠬᠦᠮᠦᠨ ᠢᠷᠡᠪᠡ ?	**라틴전사**	kedün kümün irebe? qoyar kümün irebe.
	키릴몽골문	Хэдэн хүн ирсэн (бэ)? Хоёр хүн ирсэн.
	한국어	몇 사람이 왔습니까? 두 사람이 왔습니다.

연습 문제 1: 본문 두 번 따라 쓰기

①	②	③	④	⑤	⑥	⑦	⑧	①	②	③	④	⑤	⑥	⑦	⑧

연습 문제 2: 새로운 단어 따라 쓰기

몽골 문화 더보기

몽골인들은 독서가 지식의 원천이라고 생각한다. 이 때문에 몽골에서는 책을 함부로 두거나 던지는 것을 금기시하며, 책이 든 가방을 바닥에 두지 않는다.

7과 무슨 요일이지?

① ᠬᠣᠷᠢᠨ ᠲᠡᠷᠡ ᠡᠳᠦᠷ ᠪᠣᠯ ?

② ᠡᠨᠡ ᠭᠠᠷᠠᠭ ᠨᠢ ᠁

③ ᠲᠡᠷᠡ ᠭᠠᠷᠠᠭ ᠨᠢ ᠂

④ ᠬᠣᠷᠢᠨ ᠭᠠᠷᠠᠭ ᠲᠤ ᠡᠳᠦᠷ ᠁

⑤ ᠡᠨᠡ ᠭᠠᠷᠠᠭ ᠲᠤ ᠡᠳᠦᠷ ᠪᠣᠯ ?

⑥ ᠡᠨᠡ ᠭᠠᠷᠠᠭ ᠲᠤ ᠡᠳᠦᠷ ᠁

⑦ ᠲᠡᠷᠡ ᠭᠠᠷᠠᠭ ᠨᠢ ᠬᠠ

⑧ ᠵᠠ᠂ ᠲᠡᠷᠡ ᠡᠳᠦᠷ !

키릴몽골문	①	
	②	
	③	
	④	
	⑤	
	⑥	
	⑦	
	⑧	
한국어	①	
	②	
	③	
	④	
	⑤	
	⑥	
	⑦	
	⑧	

본문 해제

①	라틴전사	önüdür kedü deki edür bui?
	키릴몽골문	Өнөөдөр хэддэх өдөр вэ?
	한국어	오늘 무슨 요일이지?
②	라틴전사	tabu daki edür.
	키릴몽골문	Тав дахь өдөр.
	한국어	금요일.
③	라틴전사	qaγas sayin edür, bütün sayin edür-tü amaradaγ uu?
	키릴몽골문	Хагас сайн өдөр, бүтэн сайн өдөрт амардаг уу?
	한국어	토요일, 일요일에는 쉬니?
④	라틴전사	yerü-ni amaradaγ.
	키릴몽골문	Ер нь амардаг.
	한국어	대부분(보통은) 쉬어.
⑤	라틴전사	kedün edür aǰilladaγ bui?
	키릴몽골문	Хэдэн өдөр ажилладаг вэ?
	한국어	며칠 일하니?
⑥	라틴전사	tabun edür aǰilladaγ.
	키릴몽골문	Таван өдөр ажилладаг.
	한국어	5일 일해.
⑦	라틴전사	nige deki edür-eče tabu daki edür kürtele aǰilladaγ.
	키릴몽골문	Нэг дэх өдрөөс тав дахь өдөр хүртэл ажилладаг.
	한국어	월요일부터 금요일까지 일해.
⑧	라틴전사	ǰa, sayiqan amaraγarai!
	키릴몽골문	За, Сайхан амраарай.
	한국어	그렇구나, 잘 쉬어!

새로운 단어

본문의 새로운 단어

전통몽골문	(script)	(script)	(script)	(script)	(script)	(script)	(script)
라틴전사	nige deki edür	qoyar daki edür	yurba daki edür	dörbe deki edür	tabu daki edür	qayas sayin edür	bütün sayin edür
키릴몽골문	нэг дэх өдөр	хоёр дахь өдөр	гурав дахь өдөр	дөрөв дэх өдөр	тав дахь өдөр	хагас сайн өдөр	бүтэн сайн өдөр
한국어	월요일	화요일	수요일	목요일	금요일	토요일	일요일

전통몽골문	(script)	(script)	(script)	(script)	(script)	(script)
라틴전사	kedü deki edür	yaray	amaraqu	aǰillaqu	boltal-a	yerü-dü-ben
키릴몽골문	хэд дэх өдөр	гараг/ гариг	амрах	ажиллах	болтол	ерэнхийдээ
한국어	무슨 요일	요일	쉬다	일하다	~까지	보통, 일반적으로

문법 설명

1. -un/-ün: -ын/-ийн, ~의

ᠤᠨ	– 몽골어 소유격 어미 중 하나.

	라틴전사	üker-ün eber. nom-un qaɣudasu.
	키릴몽골문	Үхэрийн эвэр. Номын хуудас.
	한국어	소의 뿔. 책의 쪽.

2. -du/-dü/-tu/-tü: -д/-т, ~에

ᠳᠤ ᠲᠤ	– 여처격 어미. – 모음으로 끝나거나 약자음(зөөлөн дэвсгэр: n/ng/l/m)으로 끝나는 단어 뒤에는 -du/-dü를 결합시킨다. – 자음으로 끝나거나 강자음(хатуу дэвсгэр: b/ɣ/g/r/s/d)로 끝나는 단어 뒤에는 -tu/-tü를 결합시킨다.

	라틴전사	surɣaɣuli-du. ɣaraɣ-tu.
	키릴몽골문	сургуульд. гаригт.
	한국어	학교에서. 요일에.

3. -ban/-ben: aa[4], 나의~

ᠪᠠᠨ	
	- 몽골어 재귀-소유격 어미 중 하나. - 자신(自己, ~self)의 의미를 가진다. - 모음으로 끝나는 어간 뒤에 결합된다.

ᠡᠭᠡᠴᠢᠪᠡᠨ ᠲᠡᠭᠦᠨ ᠢ ᠢᠳᠡᠪᠡ ᠁ ᠳᠡᠭᠦᠦᠪᠡᠨ ᠰᠣᠨᠤᠰᠪᠠ ᠁		
	라틴전사	egeči-ben tegün-i idebe. degüü-ben sonusba.
	키릴몽골문	Эгчээ түүнийг идсэн. Дүүгээ сонссон.
	한국어	(나의) 언니가 그것을 먹었다. (나의) 동생이 들었다.

연습 문제 1: 본문 두 번 따라 쓰기

①	②	③	④	⑤	⑥	⑦	⑧	①	②	③	④	⑤	⑥	⑦	⑧

연습 문제 2: 새로운 단어 따라 쓰기

몽골 문화 더보기

몽골에서는 요일을 지칭하는 표현에 두 종류가 있다. 구어에서 주로 사용하는 표현은 기본 숫자에 'дахь, дэх'를 연결하여 요일을 지칭한다. '토요일'과 '일요일'은 'хагас сайн өдөр(절반 좋은 날)', 'бүтэн сайн өдөр(온전히 좋은 날)'이라는 표현을 사용한다.
한편 티베트어에서 유래한 요일은 'гараг'과 함께 쓰는데, 주로 달력이나 문어에서 사용한다.

dawa γaraγ	miγmar γaraγ	lhaγba γaraγ	pürbü γaraγ	basang γaraγ	bimba γaraγ	nim-a γaraγ	yamar γaraγ
даваа гараг	мягмар гараг	лхагва гараг	пүрэв гараг	баасан гараг	бямба гараг	ням гараг	ямар гараг
월요일	화요일	수요일	목요일	금요일	토요일	일요일	무슨 요일

8과 몇 월 며칠입니까?

본문

ᠨᠠᠶᠮᠠᠨ ᠰᠠᠷ ᠠ ᠶᠢᠨ ᠠ ᠶᠢᠨ ᠬᠡᠳᠦ ᠪᠣᠢ ?

① ᠲᠠᠪᠤᠨ ᠰᠠᠷ ᠠ ᠶᠢᠨ ᠬᠡᠳᠦᠨ ᠦ ᠡᠳᠦᠷ ᠪᠣᠢ ᠃

② ᠲᠠᠪᠤᠨ ᠰᠠᠷ ᠠ ᠶᠢᠨ ᠡᠳᠦᠷ ᠃

③ ᠲᠠᠪᠤᠨ ᠰᠠᠷ ᠠ ᠶᠢᠨ ᠬᠡᠳᠦᠨ ᠦ ᠡᠳᠦᠷ ᠃

④ ᠲᠠᠪᠤᠨ ᠰᠠᠷ ᠠ ᠶᠢᠨ ᠬᠡᠳᠦ ᠪᠣᠢ ?

⑤ ᠮᠥᠨ ᠰᠠᠷ ᠠ ᠶᠢᠨ ᠃

⑥ ᠲᠠᠪᠤᠨ ᠰᠠᠷ ᠠ ᠶᠢᠨ ᠬᠡᠳᠦᠨ ᠦ ᠡᠳᠦᠷ ᠃

⑦ ᠲᠠᠪᠤᠨ ᠰᠠᠷ ᠠ ᠶᠢᠨ ᠬᠡᠳᠦ ᠪᠣᠢ ?

⑧ ᠮᠥᠨ ᠰᠠᠷ ᠠ ᠶᠢᠨ ᠃

본문 써보기

키릴몽골문		
	①	
	②	
	③	
	④	
	⑤	
	⑥	
	⑦	
	⑧	

한국어		
	①	
	②	
	③	
	④	
	⑤	
	⑥	
	⑦	
	⑧	

본문 해제

①	라틴전사	önüdür kedün sar-a-yin kedün bui?
	키릴몽골문	Өнөөдөр хэдэн сарын хэдэн бэ?
	한국어	오늘 몇 월 며칠이야?
②	라틴전사	ɣurban sar-a-yin naiman.
	키릴몽골문	Гурван сарын найман.
	한국어	3월 8일.
③	라틴전사	emegteyičüd-ün bayar-un edür.
	키릴몽골문	Эмэгтэйчүүдийн баярын өдөр.
	한국어	여성의 날이야.
④	라틴전사	önüdür kedün sar-a-yin kedün bui?
	키릴몽골문	Өнөөдөр хэдэн сарын хэдэн бэ?
	한국어	오늘 몇 월 며칠이야?
⑤	라틴전사	tabun sar-a-yin nigen.
	키릴몽골문	Таван сарын нэгэн.
	한국어	5월 1일.
⑥	라틴전사	ködelmüričid-ün bayar-un edür.
	키릴몽골문	Хөдөлмөрчидийн баярийн өдөр.
	한국어	노동절이야.
⑦	라틴전사	önüdür kedün sar-a-yin kedün bui?
	키릴몽골문	Өнөөдөр хэдэн сарын хэдэн бэ?
	한국어	오늘 몇 월 며칠이야?
⑧	라틴전사	doluɣan sar-a-yin arban nige. mongɣol ulus-un tusaɣar toɣtanil-un oi-yin edür bolun ündüsün-ü yeke bayar naɣadum-un edür.
	키릴몽골문	Долоон сарын арван нэг. Монгол улсын тусгаар тогтнолын ойн өдөр болон үндэсний их баяр наадмын өдөр.
	한국어	7월 11일이야. 몽골의 독립기념일이자 나담이 열리는 날이야.

새로운 단어

본문의 새로운 단어

전통몽골문					
라틴전사	sar-a	delekei	emegteyičüd	bayar-un edür	ködelmüričid
키릴몽골문	cap	дэлхий	эмэгтэйчүүд	баярын өдөр	хөдөлмөрчид
한국어	달(月)	세계	여성들	축제날	노동자들

전통몽골문		
라틴전사	tusaɣar toɣtanil-un oi-yin edür	ündüsün-ü yeke bayar naɣadum
키릴몽골문	тусгаар тогтнолын ойн өдөр	үндэсний их баяр наадам
한국어	독립기념일	전통 나담

전통몽골문					
라틴전사	urǰinun ǰil	nidunun ǰil	önggeregsen ǰil	ene ǰil	irekü ǰil	qoyidu ǰil
키릴몽골문	уржнан жил	ноднин жил	өнгөрсөн жил	энэ жил	ирэх жил	хойд жил
한국어	재작년	작년		올해	내년	내후년

문법 설명

1. emegteyičüd: эмэгтэйчүүд, 여성들

(세로 몽골문자)	- 〈세로문자〉(emegtei) "여성"이라는 단어와 복수형 어미 〈세로문자〉(čüd: -чүүд)의 결합 형태. - 〈세로문자〉(čud/čüd: -чууд/-чүүд)는 주로 한 무리의 사람들을 지칭할 때 사용한다.

(세로 몽골문자)	**라틴전사**	mongγolčud. ǰalaγučud.
	키릴몽골문	Монголчууд. Залуучууд.
	한국어	몽골 사람들. 젊은이들(청년들).

2. ködelmüričid: хөдөлмөрчид, 노동자들

(세로 몽골문자)	- 〈세로문자〉(ködelmüričin)에 복수형 어미 〈세로문자〉(-d)가 결합된 형태. - 여처격의 형태와 혼돈되지 않도록 주의.

(세로 몽골문자)	**라틴전사**	tamirčid. suruγčid.
	키릴몽골문	Тамирчид. Сурагчид.
	한국어	운동선수들. 학생들.

연습 문제 1: 본문 두 번 따라 쓰기

연습 문제 2: 새로운 단어 따라 쓰기

몽골 문화 더보기

나담(Наадам)은 몽골의 혁명기념일인 7월 11일부터 13일까지 매년 개최되는 몽골의 대표적인 축제이다. 나담의 옛 명칭은 '남자들의 세 가지 경기'라는 뜻의 'Эрийн гурван наадам'으로, 몽골 씨름, 말타기, 활쏘기 세 가지 경기를 일컬어 붙여진 이름이다. 나담의 경기들은 전통적으로 유목민에게 필수적인 기술이면서 힘을 과시할 수 있기에 몽골 전국에서 각 지역을 대표해 모여든 선수들이 축제 기간 동안 경기에 임한다. 옛 명칭은 남자들의 경기이지만 현재는 남녀노소 폭넓게 참가하는 몽골인 모두의 축제이다.

원래 나담 축제는 유목민의 삶에서 중요한 가축들의 성장과 풍요를 기원하는 종교적 의미와 힘과 기술을 겨루는 경기를 통해 병사를 모집하고 훈련시키는 군사적 의미를 지닌 행사였다. 그러나 오늘날에는 몽골의 오랜 역사와 전통을 되새기고 스포츠 경기로 전 국민을 단결시킨다는 의미가 강조된 행사로 몽골인들에게 사랑받는다. 나담 축제는 몽골 기마병과 전통 복식을 갖춰 입은 주민들의 행진으로 시작되며, 몽골 전통 음악과 무용 공연, 음식과 공예품 판매 등이 함께 이루어져 몽골의 전통과 문화가 집약된 축제이다. 나담 축제는 그 가치를 인정받아 2010년 유네스코 문화유산에 등재되었다.

9과 뭐 하고 있니?

본문

① ᠪᠢ ᠨᠣᠮ ᠤᠩᠰᠢᠵᠤ ᠪᠠᠶᠢᠨ᠎ᠠ ?

② ᠲᠡᠷᠡ ᠰᠠᠭᠤᠵᠤ ᠪᠠᠶᠢᠨ᠎ᠠ ᠁

③ ᠴᠢᠮᠢᠭᠡ ᠨᠣᠮ ᠤᠩᠰᠢᠵᠤ ᠪᠠᠶᠢᠨ᠎ᠠ ?

④ ᠲᠡᠷᠡ ᠶᠠᠭᠤ ᠬᠢᠵᠤ ᠪᠠᠶᠢᠨ᠎ᠠ ?

⑤ ᠪᠢᠳᠠ ᠨᠣᠮ ᠤᠩᠰᠢᠵᠤ ᠪᠠᠶᠢᠨ᠎ᠠ ?

⑥ ᠲᠠᠨᠠᠷ ᠶᠠᠭᠤ ᠬᠢᠵᠤ ᠪᠠᠶᠢᠨ᠎ᠠ ᠁

⑦ ᠪᠢᠳᠠ ᠨᠣᠮ ᠤᠩᠰᠢᠵᠤ ᠪᠠᠶᠢᠨ᠎ᠠ ?

⑧ ᠲᠡᠳᠡ ᠶᠠᠭᠤ ᠬᠢᠵᠤ ᠪᠠᠶᠢᠨ᠎ᠠ ᠁

본문 써보기

키릴몽골문	①
	②
	③
	④
	⑤
	⑥
	⑦
	⑧
한국어	①
	②
	③
	④
	⑤
	⑥
	⑦
	⑧

본문 해제

①	**라틴전사**	batu yaɣu kiǰü bayin-a?
	키릴몽골문	Бат юу хийж байна?
	한국어	바트는 뭐 하고 있니?
②	**라틴전사**	tere bangsi kiǰü bayin-a.
	키릴몽골문	Тэр банш хийж байна.
	한국어	그는 작은 고기만두(банш)를 만들고 있어요.
③	**라틴전사**	čečeg yaɣu kiǰü bayin-a?
	키릴몽골문	Цэцэг юу хийж байна?
	한국어	체첵은 뭐 하고 있니?
④	**라틴전사**	tere sün saɣaǰu bayin-a.
	키릴몽골문	Тэр сүү сааж байна.
	한국어	그녀는 젖을 짜고 있어요.
⑤	**라틴전사**	naran yaɣu kiǰü bayin-a?
	키릴몽골문	Наран юу хийж байна?
	한국어	나랑(Наран)은 뭐 하고 있니?
⑥	**라틴전사**	usu bučalɣaǰu bayin-a.
	키릴몽골문	Ус буцалгаж байна.
	한국어	물을 끓이고 있어.
⑦	**라틴전사**	bold yaɣu kiǰü bayin-a?
	키릴몽골문	Болд юу хийж байна?
	한국어	벌드는 뭐 하고 있니?
⑧	**라틴전사**	tere keüked-tei naɣadču bayin-a.
	키릴몽골문	Тэр хүүхэдтэй наадаж байна.
	한국어	그는 아이들과 놀고 있어요.

새로운 단어

본문의 새로운 단어

전통몽골문		
라틴전사	ongγuča	noγuγ-a qaγuraqu
키릴몽골문	онгоц	ногоо хуурах
한국어	비행기	야채를 볶다

보충 단어 1: 음식

전통몽골문					
라틴전사	buγudai	erdeni sisi	burčaγ	narimu	saγaγ
키릴몽골문	буудай	эрдэнэ шиш	буурцаг	нарим	сагаг
한국어	밀	옥수수	콩	조, 좁쌀	메밀

전통몽골문				
라틴전사	amu	tariy-a	tarbus	ǰimislekü
키릴몽골문	амуу	тариа	тарвас	жимслэх
한국어	쌀, 곡물	농작물	수박	열매를 맺다

보충 단어 2: 밖

전통몽골문					
라틴전사	oyir-a	erte	keger-e	sanal	naγur	qola
키릴몽골문	ойр	эрт	хээр	санал	нуур	хол
한국어	가까운	옛날	야외	의견	호수	먼

문법 설명

1. ende: 엔드, 여기에

울	- 지시대명사 〈ᠡᠨᠡ〉(ene: 엔ㅇ)과 여처격 어미 〈ᠳᠤ〉(-du/-dü)가 결합한 형태. - 지시대명사의 여처격 형태이다. - 가까운 것을 가리킨다.

	라틴전사	ende sayu. ende talbi.
	키릴몽골문	Энд суу. Энд тавь.
	한국어	여기에 앉아. 여기에 놓아라.

2. tende: 텐드, 저기에

울	- 지시대명사 〈ᠲᠡᠷᠡ〉(tere: 테ㅇ)과 여처격 어미 〈ᠳᠤ〉(-du/-dü)가 결합한 형태. - 지시대명사의 여처격 형태이다. - 먼 것을 가리킨다.

	라틴전사	tende sayu. tende talbi.
	키릴몽골문	Тэнд суу. Тэнд тавь.
	한국어	저기에 앉아. 저기에 놓아라.

3. bïǰe(de): биз(дээ), ~지/죠(확인)?

ᠪᠢᠵᠡ (ᠳᠠ)	– 양태첨사. – 확인하는 의미를 나타낼 때 사용한다.	

	라틴전사	ta baɤatur-un aq-a bïǰe? ene mön bïǰe?
	키릴몽골문	Та баатрын ах биз? Энэ мөн биз?
	한국어	당신은 바타르(Баатар)의 형이죠? 이거 맞죠?

4. ügei: үгүй, ~아니다

ᠦᠭᠡᠢ	– 부정첨사. – '부재(不在)'를 의미한다. – 명사의 형태로 곡용(曲用)이 가능하며, 술어의 기능을 할 수 있다.

	라틴전사	očiqu ügei. yabuɤsan ügei.
	키릴몽골문	Очихгүй. Явсангүй.
	한국어	방문하지 않는다. 가지 않았다.

연습 문제 1: 본문 두 번 따라 쓰기

①	②	③	④	⑤	⑥	⑦	⑧	①	②	③	④	⑤	⑥	⑦	⑧

연습 문제 2: 새로운 단어 따라 쓰기

몽골 문화 더보기

몽골인들은 환경 보호를 매우 중시한다. 음식물이나 쓰레기를 함부로 땅에 버리거나 파내어 훼손시키면 안 되고, 만약 훼손할 경우 그 사람에게 해가 미친다고 여긴다.

한국에서는 어떤 일이 예상대로 진행되지 않거나 망쳤을 때 '죽 썼다'라고 말한다. 하지만 몽골에서는 일이 잘못되었을 때 '밥 되어 버렸다(будаа болсон)'라는 표현을 쓴다. 우리나라에서는 밥이 잘 지어지지 못하고 묽어져 죽을 쑤어 버린 셈이라는 의미로 쓰이는 반면, 몽골에서는 밀가루 반죽처럼 잘 뭉쳐지지 못하고 밥의 낱알처럼 흩어져 버려 실패했다는 뜻으로 쓰인다. 이러한 표현에서 양국의 식생활을 비교해 볼 수 있다.

몽골인들이 가장 사랑하는 호수는 헙스걸 호수(Хөвсгөл нуур)이다. 헙스걸 호수의 면적은 2,760km²로 제주도의 1.5배 정도이며 몽골 담수의 70%가량이 이 호수에 있다. 비록 호수이지만 몽골 사람들은 헙스걸을 바다라는 별칭으로 부르기도 하며, 빼어난 풍광을 자랑한다. 내륙국가라 주식이 육류와 유제품이 주를 이루는 몽골이지만 헙스걸 지역에서는 생선 요리를 찾아 볼 수 있다.

아르항가이 아이막 쳉헤르 지역은 여행자들뿐만 아니라 몽골인들이 꾸준히 찾는 유명한 온천이다. 쳉헤르 온천수에는 유황 성분이 들어 있어 혈액순환과 신경통, 근육통 완화에 도움이 된다고 옛부터 알려져 있다. 해가 지고 나면 밤하늘의 별을 보며 노천온천을 즐길 수 있다.

10과 여름 날씨는 어때?

본문

① ᠵᠤᠨ ᠤ ᠤᠨ ᠴᠠᠭ ᠠᠭᠤᠷ ᠠᠮᠢᠰᠬᠤᠯ ᠶᠠᠮᠠᠷ ᠪᠠᠶᠢᠳᠠᠭ ᠪᠤᠢ︖

② ᠵᠤᠨ ᠤ ᠤᠨ ᠬᠠᠯᠠᠭᠤᠨ᠂ ᠪᠤᠷᠤᠭᠠᠨ ᠲᠠᠢ ᠪᠠᠶᠢᠳᠠᠭ᠃

③ ᠡᠪᠦᠯ ᠤ ᠤᠨ ᠴᠠᠭ ᠠᠭᠤᠷ ᠶᠠᠮᠠᠷ ᠪᠤᠢ︖

④ ᠡᠪᠦᠯ ᠤ ᠤᠨ ᠬᠦᠢᠲᠡᠨ ᠪᠠᠶᠢᠳᠠᠭ᠃

⑤ ᠡᠪᠦᠯ ᠤ ᠤᠨ ᠴᠠᠭ ᠠᠭᠤᠷ ᠶᠠᠮᠠᠷ ᠪᠤᠢ︖

⑥ ᠡᠪᠦᠯ ᠤ ᠤᠨ ᠴᠠᠭ ᠠᠭᠤᠷ ᠬᠦᠢᠲᠡᠨ᠃

⑦ ᠬᠠᠪᠤᠷ ᠤ ᠤᠨ ᠴᠠᠭ ᠠᠭᠤᠷ ᠶᠠᠮᠠᠷ ᠪᠤᠢ︖

⑧ ᠬᠠᠪᠤᠷ ᠤ ᠤᠨ ᠰᠠᠯᠬᠢ ᠲᠠᠢ ᠬᠦᠢᠲᠡᠨ᠃

본문 써보기

키릴몽골문	①	
	②	
	③	
	④	
	⑤	
	⑥	
	⑦	
	⑧	
한국어	①	
	②	
	③	
	④	
	⑤	
	⑥	
	⑦	
	⑧	

본문 해제

①	라틴전사	ǰun-du-ban aɣur amisqul yamar bayin-a?
	키릴몽골문	Зундаа уур амьсгал ямар байна?
	한국어	여름 기후는 어때?
②	라틴전사	ǰun-du-ban aɣagim-a qalaɣun. boruɣ-a-tai.
	키릴몽골문	Зундаа аагим халуун. Бороотой.
	한국어	여름에는 무더워. 비도 와.
③	라틴전사	qabur-tu-ban yamar bayin-a?
	키릴몽골문	Хавартаа ямар байна?
	한국어	봄 기후는 어때?
④	라틴전사	qabur-tu-ban salki-tai. ɣang qaɣurai.
	키릴몽골문	Хавартаа салхитай. Ган хуурай.
	한국어	봄에는 바람이 불어. 건조해.
⑤	라틴전사	namur-tu-ban yamar bayin-a?
	키릴몽골문	Намартаа ямар байна?
	한국어	가을 기후는 어때?
⑥	라틴전사	namur-tu-ban serigün.
	키릴몽골문	Намартаа сэрүүн.
	한국어	가을에는 서늘해.
⑦	라틴전사	ebül-dü-ben yamar bayin-a?
	키릴몽골문	Өвөлдөө ямар байна?
	한국어	겨울에는 어때?
⑧	라틴전사	ebül-dü-ben tesgim-e küiten. času-tai.
	키릴몽골문	Өвөлдөө тэсгим хүйтэн. Цастай.
	한국어	겨울에는 혹한이야. 눈도 내려.

새로운 단어

본문의 새로운 단어

전통몽골문						
라틴전사	dörben ularil	aγur amisqul	aγagim-a	γang qaγurai	serigün	tesgim-e
키릴몽골문	дөрвөн улирал	уур амьсгал	аагим	ган хуурай	сэрүүн	тэсгим
한국어	사계절	기후	무더위	가뭄	서늘하다	혹한

보충 단어

전통몽골문				
라틴전사	salki	salkilaqu	ǰüger	sonusuγači
키릴몽골문	салхи	салхилах	зүгээр	сонсооч
한국어	바람	바람이 일다(불다)	괜찮다	들어라

문법 설명

1. kelekü-ber: хэлэхээр, 말하러/말하려고

ᠬᠡᠯᠡᠬᠦᠪᠡᠷ	- ⟨ᠬᠡᠯᠡ⟩(kele-: хэлэ-)에 ⟨ᠬᠦᠪᠡᠷ⟩(-kü-ber: -хээр)를 결합한 형태. - 자음으로 끝나는 동사 어간에 목적 연결 어미 ⟨ᠬᠤᠪᠠᠷ/ᠬᠦᠪᠡᠷ⟩(-qu-bar/-kü-ber: -xaap⁴)를 연결할 때에는 보통 모음을 첨가하게 되는데, 그러면 결국 동사원형에 도구격 어미 ⟨ᠪᠠᠷ⟩(-bar/-ber)를 결합한 형태가 된다. - 목적 연결 어미 ⟨ᠬᠤᠪᠠᠷ/ᠬᠦᠪᠡᠷ⟩(-qu-bar/-kü-ber: -xaap⁴)를 연결하여, 행위의 의도·목적으로 인해 후에 어떠한 행위가 행해짐을 나타낸다. - 한국어: "~(하)러/~(하)려고"

ᠪᠠᠭᠰᠢ ᠬᠡᠯᠡᠬᠦᠪᠡᠷ ᠠᠩᠭᠢᠳᠤ ᠣᠷᠤᠪᠠ ᠁ ᠪᠢ ᠰᠤᠷᠬᠤᠪᠠᠷ ᠰᠤᠷᠭᠠᠭᠤᠯᠢᠳᠤ ᠣᠴᠢᠪᠠ ᠁	**라틴전사**	baγsi kelekü-ber anggi-du oruba. bi surqu-bar surγaγuli-du očiba.
	키릴몽골문	Багш хэлэхээр ангид орсон. Би сурахаар сургуульд очсон.
	한국어	선생님이 말하러 교실에 들어갔다. 나는 공부하러 학교에 방문했다.

2. qarin: харин, 그러나/하지만/그런데

ᡧᡝᡳ (Mongolian script)	– 접속사.

(Mongolian script)	라틴전사	kökeqota-du salki yeke-tei gedeg. qarin ene ǰil ǰüger bayin-a.
	키릴몽골문	Хөх хотод салхи ихтэй гэдэг. Харин энэ жил зүгээр байна.
	한국어	후허하오터는 바람이 많이 분다고 한다. 하지만 올해는 괜찮다.

연습 문제 1: 본문 두 번 따라 쓰기

①	②	③	④	⑤	⑥	⑦	⑧	①	②	③	④	⑤	⑥	⑦	⑧

연습 문제 2: 새로운 단어 따라 쓰기

몽골 문화 더보기

한국에서는 '봄 날씨 같은 사람'이라 말하면 심성이 따스하고 밝다는 의미이지만 몽골에서는 전혀 다르다. 몽골의 봄은 바람이 많이 불어 황사가 일고, 불안정한 대기로 우박이나 갑작스러운 비가 내리며 갠 다음에는 추워져 일교차가 심하다. 그렇기 때문에 몽골에서 말하는 봄 날씨 같은 사람이라는 표현은 "변덕스럽고 예측 불가능한 사람"이라는 좋지 않은 의미로 쓰인다.

한국에서는 9월부터 11월 초 정도의 기간을 가을이라 이르지만, 몽골에서는 나담 기간인 7월 11~13일경이 지나면 가을이 되었다고 말한다. 7월 중순부터 8월 말까지의 몽골의 날씨는 우리나라의 10월 날씨와 비슷하다. 8월 말부터는 지역에 따라 눈이 오는 곳도 있다.

11과 포도를 좋아해요

본문

⑧	⑦	⑥	⑤	④	③	②	①
᠊	᠊	᠊	᠊	᠊	᠊	᠊	᠊

본문 써보기

키릴몽골문	①	
	②	
	③	
	④	
	⑤	
	⑥	
	⑦	
	⑧	
한국어	①	
	②	
	③	
	④	
	⑤	
	⑥	
	⑦	
	⑧	

본문 해제

①	라틴전사	ta yamar ǰimis-tü duratai bui?
	키릴몽골문	Та ямар жимсэнд дуртай вэ?
	한국어	당신은 어떤 과일을 좋아하나요?
②	라틴전사	bi üǰüm-dü duratai.
	키릴몽골문	Би (усан) үзэмд дуртай.
	한국어	나는 포도를 좋아해요.
③	라틴전사	ta yamar ǰimis-tü duratai bui?
	키릴몽골문	Та ямар жимсэнд дуртай вэ?
	한국어	당신은 어떤 과일을 좋아하나요?
④	라틴전사	bi liir-tü duratai.
	키릴몽골문	Би лийрт дуртай.
	한국어	나는 배를 좋아해요.
⑤	라틴전사	ta yamar ǰimis-tü duratai bui?
	키릴몽골문	Та ямар жимсэнд дуртай вэ?
	한국어	당신은 어떤 과일을 좋아하나요?
⑥	라틴전사	bi alim-a-du duratai.
	키릴몽골문	Би алиманд дуртай.
	한국어	나는 사과를 좋아해요.
⑦	라틴전사	ta yamar ǰimis-tü duratai bui?
	키릴몽골문	Та ямар жимсэнд дуртай вэ?
	한국어	당신은 어떤 과일을 좋아하나요?
⑧	라틴전사	bi banana-du duratai.
	키릴몽골문	Би бананд дуртай.
	한국어	나는 바나나를 좋아해요.

새로운 단어

본문의 새로운 단어

전통몽골문	ᠳᠤᠷᠠᠲᠠᠢ	ᠠᠯᠢᠮᠠ	ᠯᠢᠷ	ᠦᠵᠦᠮ	ᠪᠠᠨᠠᠨᠠ
라틴전사	duratai	alim-a	liir	üjüm	banana
키릴몽골문	дуртай	алим	лийр	үзэм	банан
한국어	좋아하다	사과	배	포도	바나나

연습 문제 1: 본문 두 번 따라 쓰기

연습 문제 2: 새로운 단어 따라 쓰기

몽골 문화 더보기

몽골에서는 건포도를 γзэм이라 부르고, 포도는 усан γзэм라고 말한다. 한국어로 이를 직역하면, усан γзэм은 '물이 찬 건포도'다. 포도를 지칭하는 어휘에도 몽골의 기후와 과일을 지칭하는 인식을 엿볼 수 있다.

12과 포도가 매우 신선하네요

본문

① ᠲᠠᠨ ᠤ ᠨᠢᠭᠡ ᠤᠯᠤᠰ ᠳᠤ ᠂ ᠤᠰᠤ ᠶᠡᠬᠡ ᠰᠠᠢᠢᠬᠠᠨ ᠃᠃ ᠪᠠᠶᠢᠨᠠ ᠤᠤ ?

② ᠲᠡᠶᠢᠮᠦ ᠃᠃ ᠡᠨᠡ ᠪᠣᠯ ᠴᠢᠨᠦ ᠳᠤᠷᠠᠲᠠᠢ ᠦᠵᠦᠮ ᠃᠃

③ ᠲᠠᠨ ᠤ ᠦᠵᠦᠮ ᠵᠤ ᠃᠃

④ ᠲᠡᠶᠢᠮᠦ ᠂ ᠡᠨᠡ ᠦᠵᠦᠮ ᠶᠡᠬᠡ ᠃᠃

⑤ ᠦᠵᠦᠮ ᠪᠠᠶᠢᠨᠠ ᠤᠤ ?

⑥ ᠦᠵᠦᠮ ᠨᠢ ᠮᠠᠰᠢ ᠰᠣᠷᠭᠣᠭ ᠪᠠᠶᠢᠨᠠ ᠃᠃

⑦ ᠲᠡᠶᠢᠮᠦ ᠃᠃ ᠮᠠᠰᠢ ᠰᠠᠶᠢᠬᠠᠨ !

⑧ ᠵᠠ ᠂ ᠪᠠᠶᠠᠷᠲᠠᠢ ᠃᠃

본문 써보기

키릴몽골문		
	①	
	②	
	③	
	④	
	⑤	
	⑥	
	⑦	
	⑧	

한국어		
	①	
	②	
	③	
	④	
	⑤	
	⑥	
	⑦	
	⑧	

본문 해제

①	라틴전사	ǰimis qudalduγči: sayin uu, ta yaγu abun-a?
	키릴몽골문	Жимс худалдагч: Сайн уу, та юу авна(авах вэ?)
	한국어	과일 상인: 안녕하세요? 당신은 무엇을 살 건가요?
②	라틴전사	naran: ene üǰüm masi sineken qaraγdaǰu bayin-a.
	키릴몽골문	Наран: Энэ усан үзэм маш шинхэн харагдаж байна.
	한국어	나랑: 이 포도가 매우 신선하게 보이네요.
③	라틴전사	ǰimis qudalduγči: teyimü.
	키릴몽골문	Жимс худалдагч: Тийм.
	한국어	과일 상인: 맞아요.
④	라틴전사	sayiqan abčiraγsan üǰüm.
	키릴몽골문	Саяхан авчирасан үзэм.
	한국어	방금 사 온 포도예요.
⑤	라틴전사	qamiγaki üǰüm bui?
	키릴몽골문	Хаанах үзэм бэ?
	한국어	어디서 온 포도일까요?
⑥	라틴전사	qobdu ayimaγ-un usun üǰüm geǰü ene le bayiγ-a da.
	키릴몽골문	Ховд аймгийн усан үзэм гэж энэ л байгаа даа.
	한국어	홉드 아이막의 포도가 여기에 있습니다.
⑦	라틴전사	naran: naγasi ǰingleged ali!
	키릴몽골문	Наран: Нааш жинлээд аль!
	한국어	나랑: 내 쪽으로 무게를 재 주세요!
⑧	라틴전사	ǰa, medegsen.
	키릴몽골문	За, мэдсэн.
	한국어	네, 알겠어요.

새로운 단어

본문의 새로운 단어

전통몽골문							
라틴전사	sayiqan	taγaqu	üy-e	bolbasuraqu	yosutai	ǰinglekü	qubiyalčaqu
키릴몽골문	саяхан	таах	үе	боловсрох	ёстой	жинлэх	хуваалцах
한국어	방금	추측하다	시기	여물다	확실히	무게를 재다	함께 나누다

보충 단어

전통몽골문				
라틴전사	küčillig	bolbasuraγsan	güilesü	toγur[2]
키릴몽골문	хүчиллэг	боловсросон	гүйлс	тоор
한국어	맛이 신	익은	살구	복숭아

---

[2] ≒ < 9 >(toor)

문법 설명

1. bičiqan/sineken: бяцхан/шинэхэн, 자그마한/새로운

ᠪᠢᠴᠡ᠌ ᠰᠢᠨ᠎ᠡ	- 〈ᠪᠢᠴᠡ〉(biče) 뒤에 형용사 어미인 지소사(指小辭, 정도 부가성분) 〈ᠬᠠᠨ〉(-qan: -хан)을 결합시킨 형태. - 〈ᠰᠢᠨ᠎ᠡ〉(sin-e) 뒤에 형용사 어미인 지소사(指小辭) 〈ᠬᠡᠨ〉(-ken: -хэн)을 결합시킨 형태. - 〈ᠬᠠᠨ/ᠬᠡᠨ〉(-qan/-ken: -хан⁴)

ᠪᠢᠴᠡ᠌ᠬᠠᠨ ᠰᠢᠨᠡᠬᠡᠨ	**라틴전사**	bičiqan jimis. sineken masin.
	키릴몽골문	Бяцхан жимс. Шинэхэн машин.
	한국어	(비교적) 자그마한 과일. (비교적) 새로운 자동차.

2. bayiqu a!: байх аа!, 있어!

ᠪᠠᠶᠢᠬᠤ ᠊ᠠ!	- 〈᠊ᠠ〉(a)는 '외침'이나 '감탄'의 어기사.

ᠪᠠᠲᠤ ᠊ᠠ! ᠪᠠᠶᠢᠬᠤ ᠊ᠠ!	**라틴전사**	batu a! teyimü bayiqu a!
	키릴몽골문	Бат аа! Тийм байх аа!
	한국어	바트야! 아마 그럴 것 같아!

3. la/le: л, ~만

ᠯᠠ	– 유동(집약)첨사.		
ᠪᠢ ᠯᠠ ᠣᠴᠢᠬᠤ ᠦᠭᠡᠢ᠃ ᠼᠣᠭᠲᠤ ᠯᠠ ᠮᠡᠳᠡᠨᠡ᠃	**라틴전사**	bi la očiqu ügei. čoγtu la meden-e.	
	키릴몽골문	Би л очихгүй. Цогт л мэднэ.	
	한국어	나만 가지 않는다. 척트만 안다.	

연습 문제 1: 본문 두 번 따라 쓰기

①	②	③	④	⑤	⑥	⑦	⑧	①	②	③	④	⑤	⑥	⑦	⑧

연습 문제 2: 새로운 단어 따라 쓰기

몽골 문화 더보기

몽골 서부 홉드의 특산물로 수박이 유명하다. 홉드 지역에서는 수박을 재배하는 가구 수도 적지 않고, 예부터 화학 비료를 사용하지 않고 경작한다는 자부심을 가지고 있다. 홉드의 수박은 당도가 높고 표면은 짙은 녹색을 띠며, 줄무늬가 없는 것이 특징이다. 홉드 지역 사람들은 수박이 달고 맛있는 이유로 긴 일조량과 보얀트강의 물맛을 꼽는다.

13과 두 근 살 거예요

① ᠲᠡᠷᠡ ᠶᠠᠭᠤ ᠬᠤᠳᠠᠯᠳᠤᠬᠤ ᠪᠤᠢ?

② ᠪᠢ ᠮᠢᠬᠠ ᠬᠤᠳᠠᠯᠳᠤᠨ᠎ᠠ᠃

③ ᠶᠠᠮᠠᠷ ᠮᠢᠬᠠ ᠬᠤᠳᠠᠯᠳᠤᠬᠤ ᠪᠤᠢ?

④ ᠬᠤᠨᠢᠨ ᠤ ᠮᠢᠬᠠ ᠪᠠᠢᠨ᠎ᠠ᠃

⑤ ᠬᠡᠳᠦᠢ ᠬᠤᠳᠠᠯᠳᠤᠬᠤ ᠪᠤᠢ?

⑥ ᠬᠤᠶᠠᠷ ᠵᠢᠩ ᠬᠤᠳᠠᠯᠳᠤᠨ᠎ᠠ᠃

⑦ ᠦᠨ᠎ᠡ ᠬᠡᠳᠦᠢ ᠪᠤᠢ?

⑧ ᠭᠤᠷᠪᠠᠨ ᠲᠦᠭᠦᠷᠢᠭ᠃

키릴몽골문		한국어	
①		①	
②		②	
③		③	
④		④	
⑤		⑤	
⑥		⑥	
⑦		⑦	
⑧		⑧	

본문 해제

①	라틴전사	üker-ün miq-a abqu uu?	
	키릴몽골문	Үхэрийн мах авах уу?	
	한국어	소고기 살 건가요?	
②	라틴전사	qoyar ǰing abuy-a.	
	키릴몽골문	Хоёр жин авъя.	
	한국어	두 근 살 거예요.	
③	라틴전사	qoni miq-a abqu uu?	
	키릴몽골문	Хонины мах авах уу?	
	한국어	양고기 살 건가요?	
④	라틴전사	ɤurban ǰing abuy-a.	
	키릴몽골문	Гурван жин авья.	
	한국어	세 근 살 겁니다.	
⑤	라틴전사	noɤuɤ-a abqu uu?	
	키릴몽골문	Ногоо авах уу?	
	한국어	채소 살 건가요?	
⑥	라틴전사	ene qoyar-i abuy-a.	
	키릴몽골문	Энэ хоёрыг авья.	
	한국어	이 두 개를 살 겁니다.	
⑦	라틴전사	tömüsü abqu uu?	
	키릴몽골문	Төмс авах уу?	
	한국어	감자 살 건가요?	
⑧	라틴전사	nige-yi abuy-a.	
	키릴몽골문	Нэгийг авья.	
	한국어	하나 사려고요.	

새로운 단어

본문의 새로운 단어

전통몽골문						
라틴전사	ǰiɤasu	siraqu	siraɤsan	ǰing	borča	šoruɤ-a miq-a
키릴몽골문	загас	шарах	шарсан	жин	борц	шорлог мах
한국어	생선	튀기다	튀긴	근(斤)	버르츠(육포)	꼬치고기

연습 문제 1: 본문 두 번 따라 쓰기

①	②	③	④	⑤	⑥	⑦	⑧	①	②	③	④	⑤	⑥	⑦	⑧

연습 문제 2: 새로운 단어 따라 쓰기

몽골 문화 더보기

몽골인들은 추운 겨울에 고기를 말린 뒤 이듬해 양식으로 삼거나 먼 길을 떠날 때 가지고 가기도 하는데, 이를 보르츠라 한다. 보르츠는 건조한 지방에서 1~2년간 보존할 수 있다. 고대 몽골인들은 원정을 떠날 때 규모에 따라 보르츠를 준비했는데, 보르츠의 양이 많을수록 대규모의 장기 원정을 뜻했다. 원정을 나갈 때 보르츠를 주로 소의 방광에 넣어 가져갔는데, 그 속에는 잘 건조된 소 한 마리 분량의 말린 고기가 들어갔다. 보르츠는 몽골이 세계를 정복할 수 있도록 도왔던 주요 군수품 중 하나이다.

14과 20,000 투그룩입니다

본문

① [몽골어 세로쓰기 텍스트]

② [몽골어 세로쓰기 텍스트]

③ [몽골어 세로쓰기 텍스트]

④ [몽골어 세로쓰기 텍스트]

⑤ [몽골어 세로쓰기 텍스트]

⑥ [몽골어 세로쓰기 텍스트]

⑦ [몽골어 세로쓰기 텍스트]

⑧ [몽골어 세로쓰기 텍스트]

본문 써보기

키릴몽골문	
	①
	②
	③
	④
	⑤
	⑥
	⑦
	⑧

한국어	
	①
	②
	③
	④
	⑤
	⑥
	⑦
	⑧

본문 해제

①	라틴전사	sayin uu? üker-ün qabirɣ-a abuy-a.
	키릴몽골문	Сайн уу? Үхэрийн хавирга авья.
	한국어	안녕하세요? 소 갈비뼈(부분의 고기) 사려고요.
②	라틴전사	sayin. ene keseg-i abqu uu?
	키릴몽골문	Сайн. Энэ хэсгийг авах уу?
	한국어	네, 이 부분을 살 건가요?
③	라틴전사	bolun-a, qonin miq-a bayin-a uu?
	키릴몽골문	Болно, хонины мах байна уу?
	한국어	네, 양고기 있어요?
④	라틴전사	bayin-a, sükebaɣatur ayimaɣ-un qonin miq-a. aduɣun-u miq-a ču bayin-a.
	키릴몽골문	Байна, Сүхбаатар аймгийн хонин мах. Адууны мах ч байна.
	한국어	있어요. 수흐바타르 아이막의 양고기입니다. 말고기도 있어요.
⑤	라틴전사	aduɣun-u miq-a masi amtatai. bi aduɣun-u miq-a-du duratai.
	키릴몽골문	Адууны мах маш амттай. Би адууны маханд дуртай.
	한국어	말고기 맛있죠. 나는 말고기를 좋아해요.
⑥	라틴전사	üǰekü-dü masi amtatai. nige-yi abuy-a.
	키릴몽골문	Үзэхэд маш амттай. Нэгийг авья.
	한국어	정말 맛있어 보이네요. 하나 살게요.
⑦	라틴전사	neyite qoyar tümen tögürig.
	키릴몽골문	Нийт 20,000 төгрөг.
	한국어	총 20,000 투그륵입니다.
⑧	라틴전사	ǰa, ende qoyar tümen tögürig. bayarlal-a.
	키릴몽골문	За, энд 20,000 төгрөг. Баярлалаа.
	한국어	여기 20,000 투그륵입니다. 감사합니다.

새로운 단어

본문의 새로운 단어

전통몽골문					
라틴전사	qabirɣ-a	keseg	bučalɣaqu	dur-a	negeren
키릴몽골문	хавирга	хэсэг	буцалгах	дур	нээрээ
한국어	갈비뼈	부분	끓이다	마음(대로)	정말

전통몽골문					
라틴전사	kelekü	neyite	ǰiran	tögürig	üker
키릴몽골문	хэлэх	нийт	жаран	төгрөг	үхэр
한국어	말하다	합계	60(한정형)	투그릭	소

전통몽골문		
라틴전사	qoni	mori	aduɣu
키릴몽골문	хонь	морь	адуу
한국어	양	말3	

---

3 몽골어에서 'морь'와 'адуу'는 둘 다 '말(馬, horse)'을 뜻하는 단어이지만, 사용되는 맥락이나 뉘앙스에 차이가 있다.
  - морь: 말 중에서도 특히 타거나 탈것으로 사용하는 말을 가리키는 경우가 많으며, 일상 회화에서는 말 또는 경마 등에 많이 쓰이는 단어이다.
  - адуу: 일반적으로 말 전체를 가리키는 포괄적인 단어로, 가축으로서의 말이나 말이라는 동물을 총칭할 때 주로 사용된다. 몽골어에서는 말의 종류, 나이, 성별, 용도에 따라 다양한 단어와 구분이 세밀하게 이루어지는 특징이 있는데, морь는 조금 더 구체적으로 타는 말 혹은 특정한 말을 뜻하는 경우고, адуу는 전체 말이라는 개념이다.

문법 설명

1. negeren: нээрээ, 정말로, 진짜로

ᠨᠡᠭᠡᠷᠡᠨ		- '반드시'의 심경을 표시한다.

	라틴전사	tere negeren sayin surdaγ. tere negeren sayin kümün.
	키릴몽골문	Тэр нээрээ сайн сурдаг. Тэр нээрээ сайн хүн.
	한국어	그는 정말로 잘 공부하고 있다. 그는 정말 좋은 사람이다.

연습 문제 1: 본문 두 번 따라 쓰기

(Mongolian script practice text, written vertically in columns ① through ⑧, repeated twice)

연습 문제 2: 새로운 단어 따라 쓰기

(Mongolian script word practice in grid cells)

몽골 문화 더보기

몽골인들은 어깨뼈부위의 고기를 먹을 때, 반드시 가족 모두에게 나누어 준다. 게르 안에서 고기를 나누어 먹을 경우, 먹기 전에 반드시 화로에 첫 고기 조각을 바치는 풍습이 있다. 짧은 갈비뼈를 올리면 하고 있는 일이 잘 성사되고, 정강이뼈를 올리면 부유해진다고 여긴다.

15과 어떤 음식을 먹을 건가요?

본문

⑧	⑦	⑥	⑤	④	③	②	①

(본문 몽골어 세로쓰기 텍스트)

본문 써보기

키릴몽골문	①	
	②	
	③	
	④	
	⑤	
	⑥	
	⑦	
	⑧	
한국어	①	
	②	
	③	
	④	
	⑤	
	⑥	
	⑦	
	⑧	

본문 해제

①	라틴전사	ta yamar qoɣula idekü bui?
	키릴몽골문	Та ямар хоол идэх вэ?
	한국어	당신은 어떤 음식을 먹을 건가요?
②	라틴전사	čuyibing.
	키릴몽골문	Цуйван.
	한국어	초이왕이요.
③	라틴전사	yamar ǰaɣusi abqu bui?
	키릴몽골문	Ямар зууш авах вэ?
	한국어	어떤 샐러드를 살 건가요?
④	라틴전사	luubang-un salat.
	키릴몽골문	Луувангийн салат.
	한국어	당근 샐러드요.
⑤	라틴전사	ta yamar qoɣula idekü bui?
	키릴몽골문	Та ямар хоол идэх вэ?
	한국어	당신은 어떤 음식을 먹을 건가요?
⑥	라틴전사	quušuur.
	키릴몽골문	Хуушуур.
	한국어	호쇼르요.
⑦	라틴전사	yamar čai uuɣuqu bui?
	키릴몽골문	Ямар цай ууx вэ?
	한국어	어떤 차를 마실 건가요?
⑧	라틴전사	sün-tei čai.
	키릴몽골문	Сүүтэй цай.
	한국어	수태차요.

새로운 단어

본문의 새로운 단어

전통몽골문				
라틴전사	qoɣula	čuyibing	luubang	salat
키릴몽골문	хоол	цуйван	лууван	салат
한국어	음식	초이왕	당근	샐러드

전통몽골문				
라틴전사	ǰaɣusi	abqu	quušuur	sün-tei čai sütei čai
키릴몽골문	зууш	авах	хуушуур	сүүтэй цай
한국어	간단한 음식	사다	호쇼르	수태차

보충 단어

전통몽골문				
라틴전사	miq-a	buuǰa	bangsi	umdaɣ-a
키릴몽골문	мах	бууз	банш	ундаа
한국어	고기	보즈(만두)	작은 만두	음료

문법 설명

1. sün-tei čai/sütei čai: сүүтэй цай, 수태차

ᠰᠦᠨ ᠲᠠᠢ ᠴᠠᠢ (몽골문자)	- 공동격 〈ᠲᠠᠢ〉(-tai/-tei: -тай[3]) 사용 - 공동격 이외에 종종 "~와/과 함께"라는 의미를 나타내기도 한다. - 〈ᠲᠠᠢ〉는 명사와 결합하여 "~가지다. ~보유하다"의 '소유'를 나타내기도 한다. - 〈ᠲᠠᠢ〉는 명사와 연결하여 뒤에 오는 명사를 꾸며 주는 역할인 "관형사" 역할을 하기도 한다.

(몽골문자)	라틴전사	miq-a-tai bangsi. mori-toi kümün.
	키릴몽골문	Махтай банш. Морьтой хүн.
	한국어	고기(가 있는) 만두. 말(馬)을 소유한 사람.

연습 문제 1: 본문 두 번 따라 쓰기

①	②	③	④	⑤	⑥	⑦	⑧	①	②	③	④	⑤	⑥	⑦	⑧

연습 문제 2: 새로운 단어 따라 쓰기

몽골 문화 더보기

몽골인들은 전통적으로 유목 생활을 해 왔기에 고기와 가축의 젖이 식생활의 중심을 이룬다. 특히 흰색의 가축 젖은 깨끗하고 정결함을 뜻하는 흰색의 상징성과 더불어 생활에 필요한 영양을 공급해 주는 원천이기에 중요하게 여긴다. 이 때문에 가축의 젖을 존중하는 태도는 몽골인들의 독특한 생활 풍속으로, 우유에 물을 붓는 행위, 젖에 피를 떨어뜨리는 행위, 젖을 땅에 함부로 쏟는 행위를 금기시한다.

16과 언제 왔어요?

본문

① ᠣᠨ ᠲᠠᠨ ᠢᠷᠡᠭᠰᠡᠨ ᠪᠤᠢ ?

② ᠪᠢ ᠬᠣᠶᠠᠷ ᠢᠷᠡᠭᠰᠡᠨ ᠃

③ ᠲᠠ ᠬᠡᠳᠦ ᠢᠷᠡᠭᠰᠡᠨ ᠪᠤᠢ ?

④ ᠲᠠ ᠬᠡᠳᠦᠨ ᠢᠷᠡᠭᠰᠡᠨ ᠃

⑤ ᠲᠡᠳᠡᠨᠦᠰ ᠲᠠᠨ ᠢᠷᠡᠭᠰᠡᠨ ᠪᠤᠢ ?

⑥ ᠲᠡᠳᠡᠨᠦᠰ ᠲᠡᠭᠦᠨᠴᠡ ᠪᠠᠢᠨ᠎ᠠ ᠃

⑦ ᠲᠠᠨᠠᠢᠬᠢ ᠲᠠᠨ ᠢᠷᠡᠭᠰᠡᠨ ᠪᠤᠢ ?

⑧ ᠲᠠᠨᠠᠢᠬᠢ ᠬᠣᠶᠠᠷ ᠢᠷᠡᠭᠰᠡᠨ ᠃

본문 써보기

키릴몽골문	①
	②
	③
	④
	⑤
	⑥
	⑦
	⑧
한국어	①
	②
	③
	④
	⑤
	⑥
	⑦
	⑧

본문 해제

①	라틴전사	ta kejiy-e iregsen bui?
	키릴몽골문	Та хэзээ ирсэн бэ?
	한국어	당신은 언제 왔어요?
②	라틴전사	bi öčügedür irejei.
	키릴몽골문	Би өчигдөр иржээ.
	한국어	나는 어제 왔어요.
③	라틴전사	ter kejiy-e iregsen bui?
	키릴몽골문	Тэр хэзээ ирсэн бэ?
	한국어	그는 언제 왔나요?
④	라틴전사	ter urjidur irejei.
	키릴몽골문	Тэр уржигдар иржээ.
	한국어	그는 그저께 왔어요.
⑤	라틴전사	tuyaγ-a kejiy-e irekü bui?
	키릴몽골문	Туяа хэзээ ирэх вэ?
	한국어	토야는 언제 오나요?
⑥	라틴전사	tuyaγ-a marγasi iren-e.
	키릴몽골문	Туяа маргааш ирнэ.
	한국어	토야는 내일 옵니다.
⑦	라틴전사	baγatur kejiy-e irekü bui?
	키릴몽골문	Баатар хэзээ ирэх вэ?
	한국어	바타르는 언제 오나요?
⑧	라틴전사	baγatur nögügedür iren-e.
	키릴몽골문	Баатар нөгөөдөр ирнэ.
	한국어	바타르는 모레 옵니다.

새로운 단어

본문의 새로운 단어

전통몽골문	ᠬᠡᠵᠢᠶ᠎ᠡ	ᠡᠨᠦᠳᠦᠷ	ᠦᠴᠦᠭᠡᠳᠦᠷ	ᠤᠷᠵᠢᠳᠤᠷ	ᠮᠠᠷᠭᠠᠰᠢ	ᠨᠦᠭᠦᠭᠡᠳᠦᠷ
라틴전사	keǰiy-e	önüdür	öčügedür	urǰidur	marγasi	nögügedür
키릴몽골문	хэзээ	өнөөдөр	өчигдөр	уржигдар	маргааш	нөгөөдөр
한국어	언제	오늘	어제	그저께	내일	모레

보충 단어

전통몽골문	ᠬᠠᠰ	ᠪᠠᠶᠢᠭᠠᠯᠢ	ᠬᠦᠰᠡᠯᠡᠩ	ᠭᠡᠷᠡᠯ
라틴전사	qas	bayiγali	küseleng	gerel
키릴몽골문	хаш	байгаль	хүслэн	гэрэл
한국어	옥(玉)	자연	소원, 동경	빛

문법 설명

1. keǰiy-e: хэзээ, 언제

ᠬᠡᠵᠢᠶᠡ	– 의문사.

ᠬᠡᠵᠢᠶᠡ ᠬᠡᠵᠢᠶᠡ ᠶᠠᠪᠤᠨᠠ ᠢᠷᠡᠪᠡ ? ?	**라틴전사**	keǰiy-e yabun-a? keǰiy-e irebe?
	키릴몽골문	Хэзээ явах вэ? Хэзээ ирэв?
	한국어	언제 갈 겁니까? 언제 왔습니까?

2. iregsen: ирсэн, 왔다

ᠢᠷᠡᠭᠰᠡᠨ	– 동사 어간 〈ᠢᠷᠡ〉(ir-e)에 과거시제어미 〈ᠭᠰᠡᠨ〉(-gsen: -сэн)가 결합된 형태. – 과거시제어미 〈ᠭᠰᠠᠨ/ᠭᠰᠡᠨ〉(-γsan/-gsen: -сан⁴)는 동사의 어간에 결합되며, 동사의 행위가 과거에 발생했음을 나타낸다.

ᠠᠪᠤ ᠢᠷᠡᠭᠰᠡᠨ ᠢᠷᠡᠭᠰᠡᠨ ᠺᠦᠮᠦᠨ ::	**라틴전사**	abu iregsen. iregsen kümün.
	키릴몽골문	Аав ирсэн Ирсэн хүн.
	한국어	아버지가 왔다(오셨다). 온 사람.

3. ireǰei: иржээ, 왔다

ᠢᠷᠡᠵᠡᠢ	– 동사 어간 〈ᠢᠷᠡ〉(ir-e)에 과거시제어미 〈ᠵᠠᠢ〉(-ǰai/-ǰei: -жээ)가 결합된 형태. – 과거시제어미 〈ᠵᠠᠢ/ᠵᠡᠢ〉(-ǰai/-ǰei, -čai/-čei: -жээ/-чээ)는 화자가 간접적으로 알게 된 사실을 나타낼 때 사용한다. – 과거시제어미 〈ᠵᠠᠢ/ᠵᠡᠢ〉는 전통 몽골어에서 한 가지 형태로 사용하지만, 양성 단어에는 [ǰai/-čai]로, 음성 단어에는 [ǰei/-čei]로 발음한다.

ᠪᠠᠭᠰᠢ ᠢᠷᠡᠵᠡᠢ ᠲᠡᠷᠡ ᠢᠷᠡᠵᠡᠢ ::	**라틴전사**	baγsi ireǰei. tere ireǰei.
	키릴몽골문	Багш иржээ. Тэр иржээ.
	한국어	선생님이 왔다. 그가 왔다.

4. iren-e: ирнэ, 온다/올 것이다

ᠢᠷᠡᠨᠡ	– 동사 어간 〈 ᠢᠷᠡ 〉(ir-e)에 미래시제어미 〈 ᠨᠡ 〉(-n-e: -нэ)가 결합된 형태.
	– 미래시제어미 〈 ᠨᠡ 〉(-n-a/-n-e: -на⁴)는 동사의 행위가 미래에 발생할 것임을 나타낸다.

	라틴전사	eǰi yabun-a. tere iren-e.
ᠡᠵᠢ ᠶᠠᠪᠤᠨᠠ ᠲᠡᠷᠡ ᠢᠷᠡᠨᠡ	**키릴몽골문**	Ээж явна. Тэр ирнэ.
	한국어	어머니는 온다(올 것이다). 그는 온다(올 것이다).

5. irekü: ирэх, 올~

ᠢᠷᠡᠬᠦ	– 동사 어간 〈 ᠢᠷᠡ 〉(ir-e)에 〈 ᠬᠦ 〉(-kü: -х)가 결합된 형태.
	– 〈 ᠬᠤ / ᠬᠦ 〉(-qu/-kü: -х). 동사 원형의 형태.
	– 동사 원형의 형태를 이용해 바로 뒤에 명사를 결합시켜 미래를 나타내기도 한다.

	라틴전사	üǰekü nom. irekü kümün.
ᠦᠵᠡᠬᠦ ᠨᠣᠮ ᠢᠷᠡᠬᠦ ᠬᠦᠮᠦᠨ	**키릴몽골문**	Үзэх ном. Ирэх хүн.
	한국어	볼 책. 올 사람.

연습 문제 1: 본문 두 번 따라 쓰기

①	②	③	④	⑤	⑥	⑦	⑧	①	②	③	④	⑤	⑥	⑦	⑧

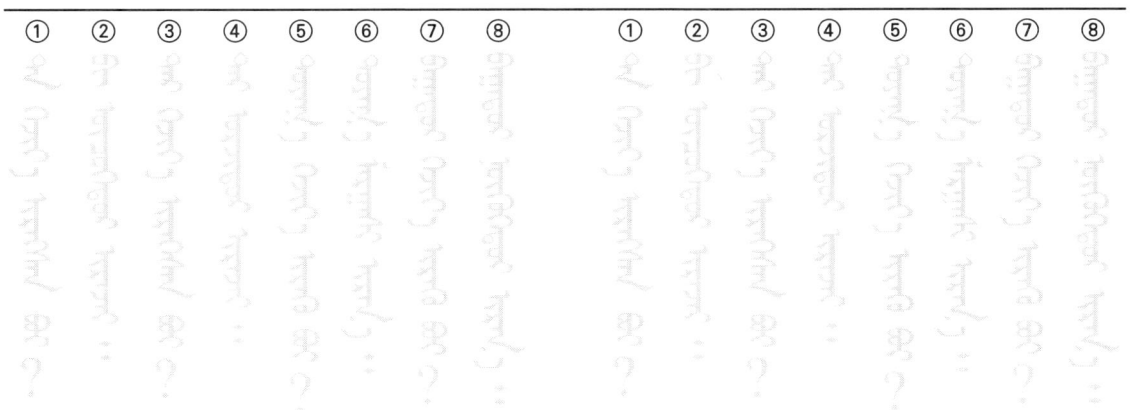

연습 문제 2: 새로운 단어 따라 쓰기

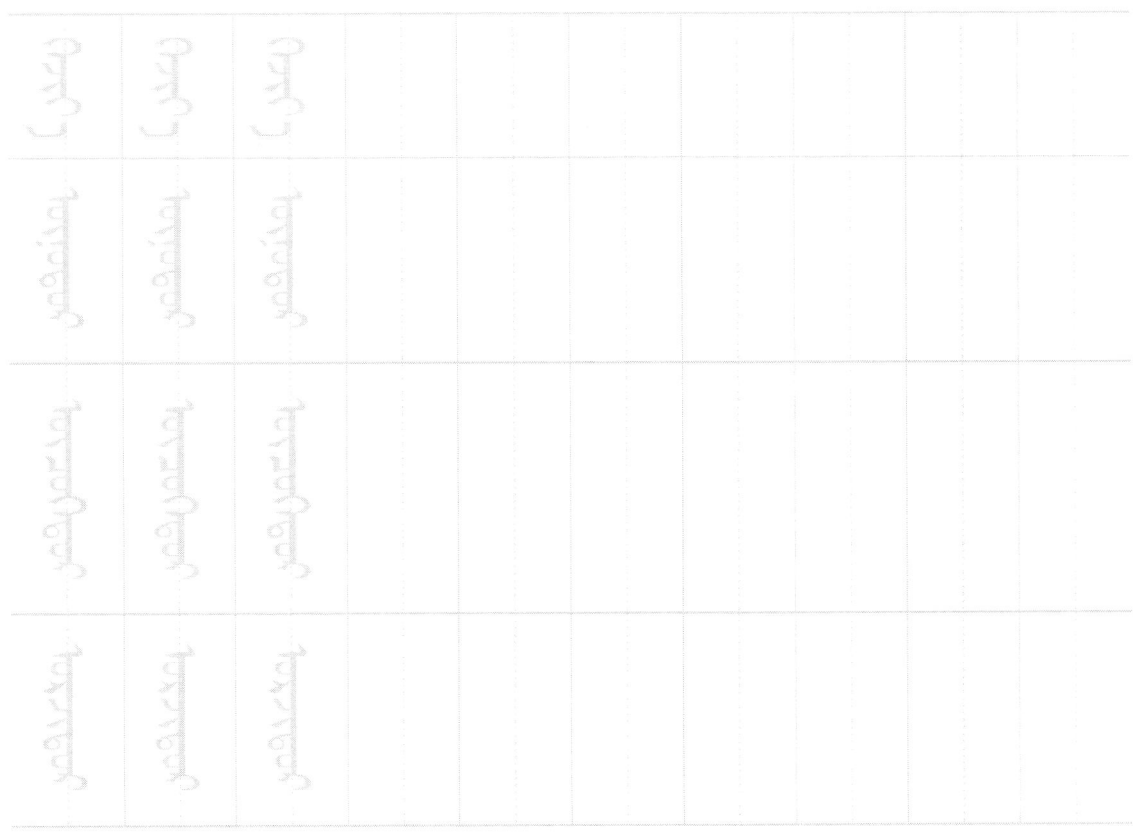

몽골 문화 더보기

몽골인들은 모자에 그 사람의 정신이 깃든다고 여겨 매우 중요하게 여긴다. 모자는 사람 키보다 높은 곳에 보관하고, 함부로 바닥에 두거나 뒤집어 놓는 것을 금기시한다. 또한 모자를 다른 사람과 바꾸어 쓰지 않으며, 사용하던 모자를 선물하지 않는다. 주인 허락 없이 함부로 다른 사람의 모자에 손을 대지 않고, 낡은 모자를 꿰매어 쓰지 않는다.

17과 무엇을 타고 왔나요?

① ᠤᠨᠤᠭᠤ ᠪᠠᠷ ᠢᠷᠡᠭᠰᠡᠨ ᠪᠤᠢ ?

② ᠮᠠᠰᠢᠨ ᠢᠶᠠᠷ ᠢᠷᠡᠭᠰᠡᠨ ᠃

③ ᠤᠨᠤᠭᠤ ᠪᠠᠷ ᠢᠷᠡᠭᠰᠡᠨ ᠪᠤᠢ ?

④ ᠲᠡᠷᠭᠡ ᠪᠡᠷ ᠢᠷᠡᠭᠰᠡᠨ ᠃

⑤ ᠤᠨᠤᠭᠤ ᠪᠠᠷ ᠢᠷᠡᠭᠰᠡᠨ ᠪᠤᠢ ?

⑥ ᠬᠥᠯ ᠢᠶᠡᠷ ᠢᠷᠡᠭᠰᠡᠨ ᠃

⑦ ᠤᠨᠤᠭᠤ ᠪᠠᠷ ᠢᠷᠡᠭᠰᠡᠨ ᠪᠤᠢ ?

⑧ ᠮᠣᠷᠢ ᠪᠡᠷ ᠢᠷᠡᠭᠰᠡᠨ ᠃

본문 써보기

키릴몽골문		
	①	
	②	
	③	
	④	
	⑤	
	⑥	
	⑦	
	⑧	

한국어		
	①	
	②	
	③	
	④	
	⑤	
	⑥	
	⑦	
	⑧	

본문 해제

①	라틴전사	ta yaɣu-bar iregsen bui?
	키릴몽골문	Та юугаар ирсэн бэ?
	한국어	당신은 무엇을 타고 왔나요?
②	라틴전사	aütobüs-iyar iregsen.
	키릴몽골문	Автобусаар ирсэн.
	한국어	버스를 타고 왔어요.
③	라틴전사	ta yaɣu-bar iregsen bui?
	키릴몽골문	Та юугаар ирсэн бэ?
	한국어	당신은 무엇을 타고 왔나요?
④	라틴전사	masin-iyar iregsen.
	키릴몽골문	Машинаар ирсэн.
	한국어	자동차를 타고 왔어요.
⑤	라틴전사	ta yaɣu-bar iregsen bui?
	키릴몽골문	Та юугаар ирсэн бэ?
	한국어	당신은 무엇을 타고 왔나요?
⑥	라틴전사	ɣaltu terge-ber iregsen.
	키릴몽골문	Галт тэргээр ирсэн.
	한국어	기차로 왔어요.
⑦	라틴전사	ta yaɣu-bar iregsen bui?
	키릴몽골문	Та юугаар ирсэн бэ?
	한국어	당신은 무엇을 타고 왔나요?
⑧	라틴전사	niskel-iyer iregsen.
	키릴몽골문	Нислэлээр ирсэн.
	한국어	비행기로 왔어요.

새로운 단어

본문의 새로운 단어

전통몽골문	(몽골문자)	(몽골문자)	(몽골문자)	(몽골문자)
라틴전사	aütobüs	masin	γaltu terge	niskel
키릴몽골문	автобус	машин	галт тэрэг	нисгэл
한국어	버스	자동차	기차	비행기

전통몽골문	(몽골문자)	(몽골문자)	(몽골문자)
라틴전사	ačiyan-u masin	terge	duγui
키릴몽골문	ачааны машин	тэрэг	дугуй
한국어	트럭	수레, 차(車)	자전거

1. -bar/-ber/-iyar/-iyer: -aap[4], ~(으)로/~을(를) 사용하여

ᠪᠠᠷ	– 도구격 어미. – 전통몽골어의 도구격 어미는 어떤 행위의 도구나 수단 방법을 나타낸다. – 모음으로 끝나는 어간에는 ⟨ᠪᠠᠷ⟩(-bar/-ber)를 결합시키고, 자음으로 끝나는 어간에는 ⟨ᠢᠶᠠᠷ⟩(-iyar/-iyer)를 결합시킨다.

	라틴전사	üǰüg-iyer bičiǰei. qalbaɣ-a-bar ideǰei.
	키릴몽골문	Үзгээр бичжээ. Халбагаар иджээ.
	한국어	펜으로 썼다. 숟가락으로 먹었다.

2. yaɣu-bar: юугаар, 어떻게/무엇으로

ᠶᠠᠭᠤᠪᠠᠷ	- 사물에 대한 의문사 ⟨ᠶᠠᠭᠤ⟩(yaɣu: юу)와 도구격 어미⟨ᠪᠠᠷ⟩(bar)가 결합된 형태.

	라틴전사	yaɣu-bar irebe? yaɣu-bar bičibe?
	키릴몽골문	Юугаар ирэв? Юугаар бичив?
	한국어	어떻게(어떤 교통수단을 타고) 왔니? 어떻게(어떤 필기도구로) 썼니?

연습 문제 1: 본문 두 번 따라 쓰기

①	②	③	④	⑤	⑥	⑦	⑧	①	②	③	④	⑤	⑥	⑦	⑧

연습 문제 2: 새로운 단어 따라 쓰기

몽골 문화 더보기

울란바타르(Улаанбаатар) 시내는 심각한 교통체증을 겪고 있다. 하지만 추운 기후 탓으로 자전거나 오토바이보다는 차량이 선호된다. 몽골에는 바다가 없기에 흡스굴(Хөвсгөл) 지역을 제외하면 수상 교통은 찾기 어렵다.

18과 어떻게 가야 하나요?

①	②	③	④	⑤	⑥	⑦	⑧
ᠬᠠᠮᠢᠭᠠᠠᠰ ᠶᠠᠪᠤᠬᠤ ᠪᠣᠯ ᠵᠢᠯᠤᠭᠤᠳᠬᠤ ᠪᠤᠢ?	62 ᠨᠠᠷᠤᠨ ᠤ ᠵᠠᠮᠢᠶᠠᠷ ᠤᠨ ᠵᠢᠯᠤᠭᠤ ᠶᠢᠨ᠃	ᠲᠡᠭᠡᠪᠡᠯ ᠤᠨ ᠵᠠᠮᠢᠶᠠᠷ ᠶᠠᠪᠤᠬᠤ ᠪᠣᠯ ᠵᠢᠯᠤᠭᠤᠳᠬᠤ ᠪᠤᠢ?	ᠲᠡᠷᠡ ᠭᠠᠷ ᠤᠨ ᠤᠯᠢᠶᠠᠩᠭᠤᠳ ᠵᠠᠮᠢᠶᠠᠷ ᠤᠨ ᠵᠢᠯᠤᠭᠤᠳᠤᠭᠰᠠᠨ᠃	ᠵᠢᠯᠤᠭᠤᠳᠤᠭᠰᠠᠨ ᠭᠠᠷ ᠶᠢᠨ ᠵᠠᠮᠢᠶᠠᠷ ᠤᠨ ᠵᠢᠯᠤᠭᠤᠳᠬᠤ ᠪᠤᠢ?	ᠲᠡᠭᠡᠪᠡᠯ ᠵᠠᠮᠢᠶᠠᠷ ᠤᠨ ᠵᠢᠷᠤᠭ ᠤᠨ ᠶᠠᠪᠤᠬᠤ ᠵᠢᠯᠤᠭᠤᠳᠤᠭᠰᠠᠨ᠃	ᠲᠡᠭᠡᠪᠡᠯ ᠤᠨ ᠬᠠᠮᠢᠭᠠᠠᠰ ᠤᠨ ᠵᠢᠯᠤᠭᠤᠳᠬᠤ ᠪᠤᠢ ᠶᠠᠪᠤᠬᠤ ᠪᠣᠯ?	34 ᠨᠠᠷᠤᠨ ᠤ ᠵᠢᠭᠠᠷ ᠭᠠᠷ ᠤᠨ ᠵᠠᠮᠢᠶᠠᠷ ᠵᠢᠯᠤᠭᠤᠳᠤᠭᠰᠠᠨ᠃

키릴몽골문	①
	②
	③
	④
	⑤
	⑥
	⑦
	⑧
한국어	①
	②
	③
	④
	⑤
	⑥
	⑦
	⑧

본문 해제

①	라틴전사	kino tiyatr kürekü-dü yaɣakiǰu bui?
	키릴몽골문	Кино театр хүрэхэд яаж (явах) вэ?
	한국어	영화관 가려면 어떻게 가야 하나요?
②	라틴전사	62-duɣar ǰam-un aütobüs-du saɣun-a.
	키릴몽골문	62-дугаар замын автобусанд сууна.
	한국어	62번 버스를 타세요.
③	라틴전사	tamir-un talabai kürekü-dü yaɣakiǰu yabuqu bui?
	키릴몽골문	Тамирын талбай хүрэхэд яаж явах вэ?
	한국어	체육관(운동장) 가려면 어떻게 가야 하나요?
④	라틴전사	ende-eče baraɣunsi arbaɣad minüt alqubal kürülčen-e.
	키릴몽골문	Эндээс баруунш арваад минут алхвал хүрэлцэнэ.
	한국어	여기에서 오른쪽으로 10분 정도 걸으면 도착합니다.
⑤	라틴전사	narantuul ǰaq-a-du kürkü-dü yaɣakiǰu yabuqu bui?
	키릴몽골문	Нарантуул захад хүрэхэд яаж явах вэ?
	한국어	나랑톨 시장에 가려면 어떻게 가야 하나요?
⑥	라틴전사	ǰegünsi yabuɣad baraɣun ɣar teyisi erkibel kürülčen-e.
	키릴몽골문	Зүүнш яваад баруун гар тийш эргэвэл хүрэлцэнэ.
	한국어	동쪽으로 가서 오른쪽으로 돌면 도착합니다.
⑦	라틴전사	ɣal-tu terge-yin baɣudal-tu kürkü-dü yaɣakiǰu yabuqu bui?
	키릴몽골문	Галт тэрэгний буудалд хүрэхэд яаж явах вэ?
	한국어	기차역에 가려면 어떻게 가야 하나요?
⑧	라틴전사	34-düger ǰam-un neyite-yin masin-iyar siɣud kürülčen-e.
	키릴몽골문	34-дүгээр замын нийтийн машинаар шууд хүрэлцэнэ.
	한국어	34번 버스를 타면 바로 도착합니다.

새로운 단어

본문의 새로운 단어

전통몽골문	ᠻᠢᠨᠣ᠋ ᠲᠢᠶᠠᠲ᠋ᠷ	ᠨᠡᠶᠢᠲᠡ ᠶᠢᠨ ᠮᠠᠰᠢᠨ	ᠲᠠᠮᠢᠷ ᠤᠨ ᠲᠠᠯᠠᠪᠠᠢ	ᠨᠠᠷᠠᠨᠲᠤᠤᠯ ᠵᠠᠬ᠎ᠠ	ᠭᠠᠯ ᠲᠤ ᠲᠡᠷᠭᠡ ᠶᠢᠨ ᠪᠠᠭᠤ�dᠠᠯ
라틴전사	ḱino ṫiyatr	neyite-yin masin	tamir-un talabai	narantuul ǰaq-a	γal-tu terge-yin baγudal
키릴몽골문	кино театр	нийтийн машин	тамирын талбай	Нарантуул зах	галт тэрэгний буудал
한국어	영화관	대중교통	체육관	나랑톨 시장	기차역

보충 단어

전통몽골문	ᠵᠡᠭᠦᠨ	ᠪᠠᠷᠠᠭᠤᠨ	ᠡᠮᠦᠨ᠎ᠡ	ᠬᠣᠶᠢᠳᠤ	ᠳᠡᠭᠡᠭᠰᠢ	ᠳᠣᠷᠤᠭᠰᠢ	ᠡᠶᠢᠰᠢ	ᠲᠡᠶᠢᠰᠢ
라틴전사	ǰegün	baraγun	emün-e	qoyidu	degegsi	doruγsi	eyisi	teyisi
키릴몽골문	зүүн	баруун	өмнө	хойд	дээш	доош	ийш	тийш
한국어	동쪽	서쪽	남쪽	북쪽	위쪽	아래쪽	이쪽	저쪽

연습 문제 1: 본문 두 번 따라 쓰기

①	②	③	④	⑤	⑥	⑦	⑧	①	②	③	④	⑤	⑥	⑦	⑧

연습 문제 2: 새로운 단어 따라 쓰기

18과 어떻게 가야 하나요?

몽골 문화 더보기

2020년 1월 15일부터 울란바타르 대중교통 이용 시 반드시 스마트 카드(U-money)를 사용해야 한다. 울란바타르의 시내버스는 벨을 누르지 않아도 해당 노선의 모든 정류장에서 정차한다. 붐비는 정류장이나 버스 등에서 누군가의 발을 밟으면 악수를 해야 한다.

19과 어디에서 일하고 있습니까?

① ᠣᠨ ᠰᠠᠭᠤᠷᠢᠨ ᠳᠡᠭᠡᠨ ᠬᠢᠵᠦ ᠪᠤᠢ?

② ᠪᠢ ᠬᠤᠳᠠᠯᠳᠤᠭᠠᠨ ᠳᠤ ᠬᠢᠵᠦ ᠪᠠᠢᠨᠠ ᠃

③ ᠲᠠ ᠰᠠᠭᠤᠷᠢᠨ ᠳᠡᠭᠡᠨ ᠬᠢᠵᠦ ᠪᠤᠢ?

④ ᠲᠠ ᠨᠠᠷ ᠲᠤ ᠬᠢᠵᠦ ᠪᠠᠢᠨᠠ ᠃

⑤ ᠲᠡᠳᠡᠨ ᠰᠠᠭᠤᠷᠢᠨ ᠳᠡᠭᠡᠨ ᠬᠢᠵᠦ ᠪᠤᠢ?

⑥ ᠲᠡᠳᠡᠨ ᠡᠷᠬᠡᠲᠡᠨ ᠳᠤ ᠬᠢᠵᠦ ᠪᠠᠢᠨᠠ ᠃

⑦ ᠲᠡᠷᠡ ᠰᠠᠭᠤᠷᠢᠨ ᠳᠡᠭᠡᠨ ᠬᠢᠵᠦ ᠪᠤᠢ?

⑧ ᠲᠡᠷᠡ ᠡᠷᠬᠡᠲᠡᠨ ᠳᠤ ᠬᠢᠵᠦ ᠪᠠᠢᠨᠠ ᠃

키릴몽골문	
	①
	②
	③
	④
	⑤
	⑥
	⑦
	⑧

한국어	
	①
	②
	③
	④
	⑤
	⑥
	⑦
	⑧

본문 해제

①	라틴전사	ta qamiɣ-a aǰilladaɣ bui?
	키릴몽골문	Та хаана ажилладаг вэ?
	한국어	당신은 어디에서 일하고 있습니까?
②	라틴전사	yeke surɣaɣuli-du aǰilladaɣ.
	키릴몽골문	Их сургуульд ажилладаг.
	한국어	대학교에서 일하고 있습니다.
③	라틴전사	tere qamiɣ-a aǰilladaɣ bui?
	키릴몽골문	Тэр хаана ажилладаг вэ?
	한국어	그 사람은 어디에서 일하고 있습니까?
④	라틴전사	nom-un sang-du aǰilladaɣ.
	키릴몽골문	Номын санд ажилладаг.
	한국어	도서관에서 일하고 있습니다.
⑤	라틴전사	erdeni qamiɣ-a aǰilladaɣ bui?
	키릴몽골문	Эрдэнэ хаана ажилладаг вэ?
	한국어	에르덴은 어디에서 일하고 있습니까?
⑥	라틴전사	emnelge-dü aǰilladaɣ.
	키릴몽골문	Эмнэлэгт ажилладаг.
	한국어	병원에서 일하고 있습니다.
⑦	라틴전사	saranai qamiɣ-a aǰilladaɣ bui?
	키릴몽골문	Сарнай хаана ажилладаг вэ?
	한국어	사르나이는 어디에서 일하고 있습니까?
⑧	라틴전사	siudan-du aǰilladaɣ.
	키릴몽골문	Шуурданд ажилладаг.
	한국어	우체국에서 일하고 있습니다.

새로운 단어

본문의 새로운 단어

전통몽골문	(몽골문)	(몽골문)	(몽골문)	(몽골문)
라틴전사	yeke surγaγuli	nom-un sang	emnelge	siudan
키릴몽골문	их сургууль	номын сан	эмнэлэг	шуудан
한국어	대학교	도서관	병원	우체국

문법 설명

1. -u: -ы/-ий, ~의

◌	- 몽골어의 소유격 어미 중 하나.

(몽골문)	라틴전사	ünen-ü čongqu. man-u baγsi.
	키릴몽골문	Үнэний цонх. Манай багш.
	한국어	진실의 창문. 우리 선생님.

연습 문제 1: 본문 두 번 따라 쓰기

①	②	③	④	⑤	⑥	⑦	⑧	①	②	③	④	⑤	⑥	⑦	⑧

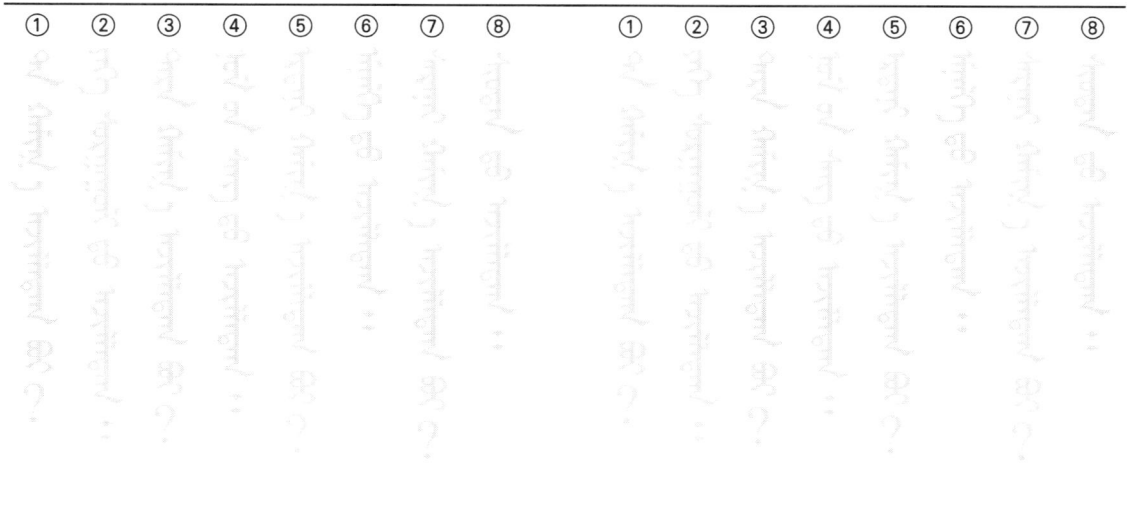

연습 문제 2: 새로운 단어 따라 쓰기

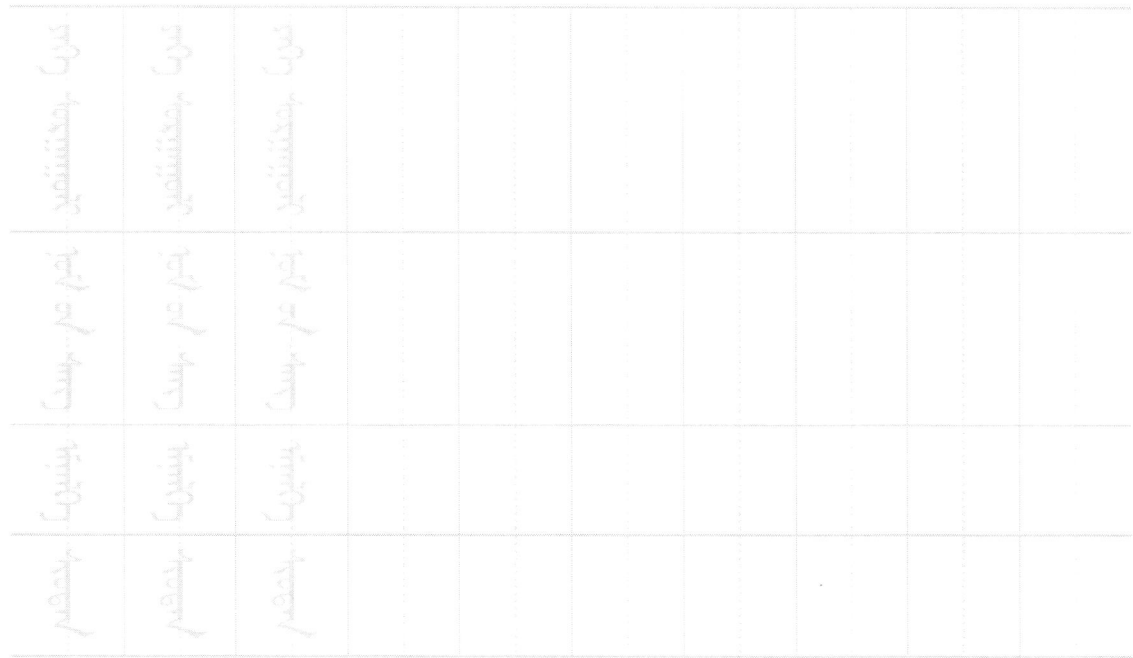

몽골 문화 더보기

몽골에서는 다른 가정에 방문했을 때 지켜야 하는 예절을 중요하게 여긴다. 손님은 주인이 대접한 음식과 차는 조금이라도 맛보고 내려놓아야 한다. 주인이 음식을 내왔는데 '배부르다', '방금 식사했다'라고 하지 않는데, 주인의 성의를 생각하는 예절이다. 또한 남의 집에서 팔짱을 끼고 있거나 뒷짐을 지고 서 있지 않는다.

20과 어떤 일을 하나요?

① ᠪᠢ ᠪᠠᠭᠰᠢ ᠶᠢᠨ ᠠᠵᠢᠯ ᠬᠢᠳᠡᠭ᠃

② ᠴᠢ ᠶᠠᠮᠠᠷ ᠠᠵᠢᠯ ᠬᠢᠳᠡᠭ ᠪᠤᠢ?

③ ᠲᠠ ᠶᠠᠮᠠᠷ ᠠᠵᠢᠯ ᠬᠢᠳᠡᠭ ᠪᠤᠢ?

④ ᠲᠠᠨᠠᠢ ᠠᠪᠤ ᠶᠠᠮᠠᠷ ᠠᠵᠢᠯ ᠬᠢᠳᠡᠭ ᠪᠤᠢ?

⑤ ᠲᠡᠷᠡ ᠬᠦᠮᠦᠨ ᠶᠠᠮᠠᠷ ᠠᠵᠢᠯ ᠬᠢᠳᠡᠭ ᠪᠤᠢ?

⑥ ᠲᠠᠨᠠᠢ ᠡᠵᠢ ᠶᠠᠮᠠᠷ ᠠᠵᠢᠯ ᠬᠢᠳᠡᠭ ᠪᠤᠢ?

⑦ ᠲᠠᠨᠠᠢ ᠠᠬᠠ ᠶᠠᠮᠠᠷ ᠠᠵᠢᠯ ᠬᠢᠳᠡᠭ ᠪᠤᠢ?

⑧ ᠲᠡᠷᠡ ᠡᠮᠴᠢ ᠶᠢᠨ ᠠᠵᠢᠯ ᠬᠢᠳᠡᠭ᠃

키릴몽골문	①	
	②	
	③	
	④	
	⑤	
	⑥	
	⑦	
	⑧	
한국어	①	
	②	
	③	
	④	
	⑤	
	⑥	
	⑦	
	⑧	

본문 해제

①	라틴전사	eǰi čini yamar aǰil-tai bui?
	키릴몽골문	Ээж чинь ямар ажилтай вэ?
	한국어	네 어머니는 어떤 일을 하시니?
②	라틴전사	minu eǰi baγsi.
	키릴몽골문	Миний ээж багш.
	한국어	나의 어머니는 선생님이셔.
③	라틴전사	ta yamar aǰil-tai bui?
	키릴몽골문	Та ямар ажилтай вэ?
	한국어	당신은 어떤 일을 합니까?
④	라틴전사	bi ǰiluγuči.
	키릴몽골문	Би жолооч.
	한국어	나는 운전사입니다.
⑤	라틴전사	aq-a čini yamar aǰil-tai bui?
	키릴몽골문	Ах чинь ямар ажилтай вэ?
	한국어	너의 형은 어떤 일을 하니?
⑥	라틴전사	minu aq-a aǰiltan.
	키릴몽골문	Миний ах ажилтан.
	한국어	나의 형은 사무원(직원)이야.
⑦	라틴전사	ter yamar aǰil tai bui?
	키릴몽골문	Тэр ямар ажилтай вэ?
	한국어	그는 어떤 일을 하나요?
⑧	라틴전사	ter subilaγči.
	키릴몽골문	Тэр сувилагч.
	한국어	그는 간호사야.

새로운 단어

본문의 새로운 단어

전통몽골문						
라틴전사	aǰil	baγsi	ǰiluγuči	aǰilčin	subilaγči	čaγdaγ-a
키릴몽골문	ажил	багш	жолооч	ажилчин	сувилагч	цагдаа
한국어	일	선생님	운전사	근로자	간호사	경찰

전통몽골문						
라틴전사	malčin	tariyačin	aǰiltan	emči	čerig	oyutan
키릴몽골문	малчин	тариачин	ажилтан	эмч	цэрэг	оюутан
한국어	유목민	농민	사무직 근로자	의사	군인	대학생

보충 단어: 집합수사

전통몽골문						
라틴전사	qoyaγula	γurbaγula	dörbegüle	tabuγula	ǰirγuγula	doluγula
키릴몽골문	хоёулаа	гурвуулаа	дөрвүүлээ	тавуулаа	зургуулаа	долуулаа
한국어	둘이서	셋이서	넷이서	다섯이서	여섯이서	일곱이서

전통몽골문					
라틴전사	naimaγula	yisügüle	arbaγula	olaγula	kedügüle
키릴몽골문	наймуулаа	есүүлээ	арвуулаа	олуулаа	хэдүүлээ
한국어	여덟이서	아홉이서	열 명이서	여럿이서	몇 명이서

문법 설명

1. naimaɣula: наймуулаа, 여덟 명이서

ᠨᠠᠶᠢᠮᠠᠭᠤᠯᠠ	
	- 숫자 〈 ᠨᠠᠶᠢᠮᠠ 〉(naima)에 집합수사 〈 ᠭᠤᠯᠠ 〉(-ɣula: 양성), 〈 ᠭᠦᠯᠡ 〉(-güle: 음성)를 결합한 형태. - 집합수사에는 〈 ᠭᠤᠯᠠ 〉(-ɣula: 양성), 〈 ᠭᠦᠯᠡ 〉(-güle: 음성) 두 가지가 존재한다. - "~(명)이서"라는 뜻으로 사용되며, 각각 앞 단어가 양성인지 음성인지 모음조화에 따라 집합수사를 결합시킨다.

	라틴전사	bide naimaɣula irebe. tabuɣula naɣadba.
	키릴몽골문	Бид наймуулаа ирсэн. Тавуулаа наадасан.
	한국어	우리는 여덟 명이서 왔다. 다섯이서 놀았다.

연습 문제 1: 본문 두 번 따라 쓰기

연습 문제 2: 새로운 단어 따라 쓰기

몽골 문화 더보기

몽골인들은 그릇에 담긴 액체를 저을 때 시계 방향으로 저어야 한다고 여긴다. 몽골에서 길을 가다 어워를 만나 주변을 돌 때도 해가 떠서 지는 방향, 시계 방향으로 걸어야 한다고 여긴다.

본문

① ᠪᠣᠷᠣ ᠵᠢᠭᠡ ᠬᠥᠬᠡᠯᠦᠭᠦ ᠳ᠋ᠡᠭᠡᠯ ᠪᠣᠢ?

② ᠲᠡᠳᠡᠨ ᠬᠣᠶᠠᠷ ᠳ᠋ᠡᠭᠡᠯ ᠃᠃

③ ᠵᠠ ᠵᠢᠭᠡ ᠬᠥᠬᠡᠯᠦᠭᠦ ᠳ᠋ᠡᠭᠡᠯ ᠪᠣᠢ?

④ ᠵᠢᠭᠡ ᠠᠭᠤᠯᠠ ᠳ᠋ᠡᠭᠡᠯ ᠃᠃

⑤ ᠲᠡᠷᠡ ᠵᠢ ᠵᠢᠭᠡ ᠳ᠋ᠡᠭᠡᠯ ᠪᠣᠢ?

⑥ ᠬᠡᠷᠡᠭᠡᠰᠡᠯ ᠬᠡᠷᠡᠭᠡᠰᠡᠯ ᠳ᠋ᠡᠭᠡᠯ ᠃᠃

⑦ ᠪᠣᠷᠣ ᠵᠢᠭᠡ ᠳᠡᠭᠡᠭᠦ ᠳ᠋ᠡᠭᠡᠯ ᠪᠣ?

⑧ ᠲᠡᠳᠡᠯᠡᠭᠡ ᠬᠡᠷᠡᠭᠡᠰᠡᠯ ᠳ᠋ᠡᠭᠡᠯ ᠃᠃

본문 써보기

키 릴 몽 골 문	①
	②
	③
	④
	⑤
	⑥
	⑦
	⑧

한 국 어	①
	②
	③
	④
	⑤
	⑥
	⑦
	⑧

본문 해제

①	라틴전사	abu-du yamar qubčasu abqu bui?
	키릴몽골문	Аавд ямар хувцас авах вэ?
	한국어	아버지에게는 어떤 옷을 살 겁니까?
②	라틴전사	köke kürm-e abuy-a.
	키릴몽골문	Хөх хүрэм авья.
	한국어	파란색 외투를 살 거예요.
③	라틴전사	eǰi-dü yamar qubčasu abqu bui?
	키릴몽골문	Ээжид ямар хувцас авах вэ?
	한국어	어머니에게는 어떤 옷을 살 겁니까?
④	라틴전사	boru terlig abuy-a.
	키릴몽골문	Бор тэрлэг авья.
	한국어	갈색 철릭(여름에 입는 얇은 델)을 살 거예요.
⑤	라틴전사	ükin-dü yaɤu abqu bui?
	키릴몽골문	Охинд юу авах вэ?
	한국어	딸에게는 어떤 것을 살 겁니까?(사 줄 것입니까?)
⑥	라틴전사	noɤuɤan qantaɤaǰa abuy-a.
	키릴몽골문	Ногоон хантааз авья.
	한국어	녹색 조끼를 살 거예요.
⑦	라틴전사	küü-dü yaɤu abqu bui?
	키릴몽골문	Хүүд юу авах вэ?
	한국어	아들에게는 어떤 것을 살 겁니까?
⑧	라틴전사	čengker ömüdü abuy-a.
	키릴몽골문	Цэнхэр өмд авья.
	한국어	푸른색의 바지를 살 거예요.

새로운 단어

본문의 새로운 단어

전통몽골문								
라틴전사	qubčasu	köke	boru	terlig	ükin	noγuγan	qantaγaǰa	küü	čengker
키릴몽골문	хувцас	хөх	бор	тэрлэг	охин	ногоон	хантааз	хүү	цэнхэр
한국어	옷	파란색	갈색	여름 델	딸	녹색	조끼	아들	하늘색

보충 단어

전통몽골문							
라틴전사	šaqai	γutul	oyimusu	malaγai	ömüdü	kürm-e	bangǰal	yubka
키릴몽골문	шаахай	гутал	оймс	малгай	өмд	хүрэм	банзал	юбка
한국어	단화	신발	양말	모자	바지	상의	치마	

보충 단어: 색깔

전통몽골문					
라틴전사	ulaγan	ulaγan sir-a	sir-a	čaγan	qar-a köke
키릴몽골문	улаан	улаан шар	шар	цагаан	хар хөх
한국어	빨간색	주황색	노란색	흰색	남색

전통몽골문				
라틴전사	nil yaγan	qar-a	yaγan	saral
키릴몽골문	нил ягаан	хар	ягаан	саарал
한국어	보라색	검은색	분홍색	회색

보충 단어: 가족 호칭

전통몽골문	ᠠᠪᠤ	ᠡᠵᠢ	ᠡᠪᠦᠭᠡ	ᠡᠮᠡᠭᠡ	ᠠᠬ᠎ᠠ
라틴전사	abu	eǰi	ebüge	emege	aq-a
키릴몽골문	аав	ээж	өвөө	эмээ	ах
한국어	아버지	어머니	할아버지	할머니	형, 오빠

전통몽골문	ᠡᠭᠡᠴᠢ	ᠳᠡᠭᠦᠦ	ᠨᠠᠭᠠᠴᠤ ᠡᠭᠡᠴᠢ		ᠠᠪᠠᠭ᠎ᠠ ᠠᠬ᠎ᠠ	
라틴전사	egeči	degüü	naγaču egeči		abaγ-a aq-a	
키릴몽골문	эгч	дүү	нагац эгч		авга ах	
한국어	언니, 누나	동생	이모		삼촌	

문법 설명

1. abuy-a: авъя, ~하자

ᠠᠪᠤᠶ᠎ᠠ	– 〈ᠠᠪᠤ〉에 1인칭 종결어미(я/ъя, ё/ъё, е/ье)를 결합한 형태. – 〈᠎ᠶ᠎ᠠ〉는 1인칭 종결어미. – 1인칭의 소망이나 희망을 표현한다.

ᠨᠣᠮ ᠠᠪᠤᠶ᠎ᠠ ᠃ ᠴᠠᠢ ᠤᠤᠭᠤᠶ᠎ᠠ ᠃	라틴전사	nom abuy-a. čai uuγuy-a.
	키릴몽골문	Ном авъя. Цай ууя.
	한국어	책을 사자. 차를 마시자.

연습 문제 1: 본문 두 번 따라 쓰기

①	②	③	④	⑤	⑥	⑦	⑧	①	②	③	④	⑤	⑥	⑦	⑧

연습 문제 2: 새로운 단어 따라 쓰기

몽골 문화 더보기

몽골인들은 의상에 다양한 상징성을 부여한다. 그중 허리띠를 매우 중요하게 여기는데, 말을 타는 기마 생활에서 허리띠는 내장을 보호하는 기능을 했기 때문에 생명과 동일시하는 관념이 있었다. 때문에 허리띠를 타인과 서로 바꿔 매는 것을 꺼렸다. 또한 사람이 죽으면 다른 유품은 친지들이 가질 수 있지만 모자와 머리띠는 태웠다. 허리띠의 끝을 매듭지어 묶지 않으며 마지막 부분에 끼워 넣는다.

22과 무엇을 하고 있습니까?

본문

① ᠲᠠ ᠶᠠᠭᠤ ᠬᠢᠵᠦ ᠪᠠᠢᠨᠠ︖ ᠪᠤᠢ︖

② ᠮᠢᠨᠦ ᠨᠣᠮ ᠤᠩᠰᠢᠵᠤ ᠪᠠᠢᠨᠠ᠃

③ ᠲᠠ ᠶᠠᠭᠤ ᠬᠢᠵᠦ ᠪᠠᠢᠨᠠ︖ ᠪᠤᠢ︖

④ ᠪᠢ ᠪᠢᠴᠢᠭ ᠤᠩᠰᠢᠵᠤ ᠪᠠᠢᠨᠠ᠃

⑤ ᠲᠡᠷᠡ ᠶᠠᠭᠤ ᠬᠢᠵᠦ ᠪᠠᠢᠨᠠ︖ ᠪᠤᠢ︖

⑥ ᠲᠡᠷᠡ ᠨᠣᠮ ᠤᠩᠰᠢᠵᠤ ᠪᠠᠢᠨᠠ᠃

⑦ ᠲᠠ ᠨᠠᠷ ᠶᠠᠭᠤ ᠬᠢᠵᠦ ᠪᠠᠢᠨᠠ︖ ᠪᠤᠢ︖

⑧ ᠪᠢᠳᠡ ᠪᠢᠴᠢᠭ ᠪᠢᠴᠢᠵᠦ ᠪᠠᠢᠨᠠ᠃

본문 써보기

키릴몽골문		
	①	
	②	
	③	
	④	
	⑤	
	⑥	
	⑦	
	⑧	

한국어		
	①	
	②	
	③	
	④	
	⑤	
	⑥	
	⑦	
	⑧	

본문 해제

①	라틴전사	abu yaɣu kiǰü bayin-a bui?
	키릴몽골문	Аав юу хийж байна вэ?
	한국어	아버지는 무엇을 하고 있습니까?
②	라틴전사	niɣur-iyan ugiyaǰu bayin-a.
	키릴몽골문	Нүүрээ угааж байна.
	한국어	세수하고 있습니다.
③	라틴전사	eǰi yaɣu kiǰü bayin-a bui?
	키릴몽골문	Ээж юу хийж байна вэ?
	한국어	어머니는 무엇을 하고 있습니까?
④	라틴전사	sidü-ben ugiyaǰu bayin-a.
	키릴몽골문	Шүдээ угааж байна.
	한국어	양치하고 있습니다.
⑤	라틴전사	aq-a yaɣu kiǰü bayin-a bui?
	키릴몽골문	Ах юу хийж байна вэ?
	한국어	형은 무엇을 하고 있습니까?
⑥	라틴전사	ayaɣ-a tabaɣ-iyan ugiyaǰu bayin-a.
	키릴몽골문	Аяга тавгаа угааж байна.
	한국어	설거지를 하고 있습니다.
⑦	라틴전사	egeči yaɣu kiǰü bayin-a bui?
	키릴몽골문	Эгч юу хийж байна вэ?
	한국어	언니는 무엇을 하고 있습니까?
⑧	라틴전사	örüge-ben čeberleǰü bayin-a.
	키릴몽골문	Өрөөгөө цэвэрлэж байна.
	한국어	(자신의) 방을 청소하고 있습니다.

새로운 단어

본문의 새로운 단어

전통몽골문	ᠬᠢᠬᠦ	ᠨᠢᠭᠤᠷ	ᠤᠭᠢᠶᠠᠬᠤ	ᠰᠢᠳᠦ	ᠰᠢᠳᠦ ᠪᠡᠨ ᠤᠭᠢᠶᠠᠬᠤ
라틴전사	kikü	niɣur	ugiyaqu	sidü	sidü-ben ugiyaqu
키릴몽골문	хийх	нүүр	угаах	шүд	шүдээ угаах
한국어	하다	얼굴	씻다	치아	양치하다

전통몽골문	ᠠᠶᠠᠭ᠎ᠠ ᠲᠠᠪᠠᠭ ᠢᠶᠠᠨ ᠤᠭᠢᠶᠠᠬᠤ		ᠥᠷᠦᠭᠡ	ᠴᠡᠪᠡᠷᠯᠡᠬᠦ
라틴전사	ayaɣ-a tabaɣ-iyan uɣaqu		örüge	čeberlekü
키릴몽골문	аяга тавгаа угаах		өрөө	цэвэрлэх
한국어	설거지하다		방	청소하다

보충 단어

전통몽골문	ᠢᠨᠢᠶᠡᠬᠦ	ᠬᠠᠨᠢᠶᠠᠬᠤ	ᠦᠰᠦᠷᠬᠦ	ᠰᠠᠭᠤᠬᠤ	ᠺᠡᠪᠲᠡᠬᠦ	ᠢᠳᠡᠬᠦ	ᠤᠤᠭᠤᠬᠤ
라틴전사	iniyekü	qaniyaqu	üsürkü	saɣuqu	kebtekü	idekü	uuɣuqu
키릴몽골문	инээх	ханиах	үсрэх	суух	хэвтэх	идэх	уух
한국어	웃다	기침하다	뛰다	앉다	눕다	먹다	마시다

문법 설명

1. niɣur-iyan: Нүүрээ, (내 자신의) 얼굴

ᠨᠢᠭᠤᠷ	- 〈ᠡᠶ᠋ᠠᠨ〉: -iyan/-iyen은 재귀·소유격 어미 중 하나. - 자음으로 끝나는 단어 뒤에 결합되는 어미이다. - 〈ᠡᠶ᠋ᠠᠨ〉 형태의 재귀·소유격 어미는 하나의 형태로 쓰지만, 발음할 때에는 [-iyan/-iyen]의 두 가지로 발음한다. - 앞 단어가 양성의 단어일 때에는 [-iyan]을, 앞 단어가 음성의 단어일 때에는 [-iyen]으로 발음한다. - 이 어미는 "자기 자신"을 의미하며, 해당 단어가 주어 자신에 속함을 나타낸다. - 재귀·소유격 어미는 주격 이외에 기타 다양한 격어미들과 함께 결합하여 사용 가능하다.

ᠪᠠᠭᠰᠢ ᠶᠢᠨ ᠦᠭᠡ ᠶᠢ ᠰᠤᠨᠤᠰᠤᠨ᠎ᠠ ᠨᠣᠮ ᠢᠶᠠᠨ ᠭᠡᠷ ᠲᠦᠪᠡᠨ ᠪᠠᠢᠨ᠎ᠠ	**라틴전사**	baɣsi-yin-iyan üge-yi sonusun-a. nom-iyan ger-tü-ben bayin-a.
	키릴몽골문	Багшаагийн үгийг сонсоно. Номоо гэртээ байна.
	한국어	(자신의) 선생님의 말씀을 듣는다. (내) 책은 (나의) 집에 있다.

2. örüge-ben: ᠥᠷᠥᠭᠡᠪᠡᠨ, (내 자신의) 방

ᠪᠡᠨ	– ⟨ᠪᠡᠨ⟩: -ban/-ben은 재귀·소유격 어미 중 하나. – 모음으로 끝나는 단어 뒤에 결합되는 어미이다. – ⟨ᠪᠡᠨ⟩ 형태의 재귀·소유격 어미는 하나의 형태로 쓰지만, 발음할 때에는 [-ban/-ben]의 두 가지로 발음한다. – 앞 단어가 양성의 단어일 때에는 [-ban]을 앞 단어가 음성의 단어일 때에는 [-ben]을 결합시킨다. – 이 어미는 "자기 자신"을 의미하며, 해당 단어가 주어 자신에 속함을 나타낸다. – 재귀·소유격 어미는 주격 이외에 기타 다양한 격어미들과 함께 결합하여 사용 가능하다.

	라틴전사	aq-a-ača-ban asaγuba. eǰi-ben untaǰu bayin-a.
	키릴몽골문	Ахаасаа асуусан. Ээжээ унтаж байна.
	한국어	(자신의) 형에게 질문했다. (나의) 어머니는 자고 있다.

연습 문제 1: 본문 두 번 따라 쓰기

①	②	③	④	⑤	⑥	⑦	⑧		①	②	③	④	⑤	⑥	⑦	⑧

연습 문제 2: 새로운 단어 따라 쓰기

몽골 문화 더보기

몽골에서는 한국의 설날과 같은 명절인 '차강 사르(Цагаан cap)'를 지낸다. 차강 사르는 몽골 음력의 첫날로, 새로운 해가 시작되는 날이다. 이날에는 부정적인 말을 삼가고, 말다툼을 하거나 울지 않는다. 몽골 사람들은 차강 사르에 좋지 않은 말이나 행동을 하면 그해의 복이 달아난다고 믿으며, 새해를 어떻게 시작하느냐에 따라 그 한 해의 삶이 결정된다고 여겨지기 때문이다. 또한 차강 사르 기간에는 가축을 도살하지 않고 사냥도 하지 않는다. 몽골 사람들은 차강사르 전날과 그날 밤에는 반드시 집에서 잠을 자야 한다고 믿는다. 만약 다른 집에서 밤을 보내면 그해에는 집 밖에서 지내게 된다고 전한다.

23과 바야르 있어요?

① ᠪᠠᠶᠠᠷ ᠠᠭ ! ᠴᠢ ᠰᠠᠶᠢᠨ ᠪᠠᠢᠨᠠ ᠤᠤ ?

② ᠣᠳᠣ ᠲᠡᠭᠰᠢᠭᠦᠨ ᠠᠮᠤᠷᠵᠢᠯᠠᠨᠠ ᠁

③ ᠨᠠᠮᠠᠢ ᠤᠤᠴᠢᠯᠠᠷᠠᠢ ᠁

④ ᠮᠣᠩᠭᠣᠯ ᠢ ᠁

⑤ ᠪᠠᠶᠠᠷ ᠠᠭ ! ᠲᠠᠨᠠᠢ ᠰᠠᠶᠢᠨ ᠤᠤ ?

⑥ ᠤᠤ ᠰᠠᠶᠢᠨ ᠁ ᠪᠠᠶᠠᠷ ᠠᠭ

⑦ ᠰᠠᠶᠢᠨ ᠲᠡᠭᠰᠢᠭᠦᠨ ᠰᠠᠢᠨ ᠤᠤ ?

⑧ ᠲᠡᠭᠰᠢᠭᠦᠨ ᠰᠠᠶᠢᠨ ᠁ ᠪᠠᠶᠠᠷᠠᠯᠠᠯᠠ

키릴몽골문	①	
	②	
	③	
	④	
	⑤	
	⑥	
	⑦	
	⑧	
한국어	①	
	②	
	③	
	④	
	⑤	
	⑥	
	⑦	
	⑧	

본문 해제

①	라틴전사	sayin uu? bayar bayin-a uu?
	키릴몽골문	Сайн уу? Баяр байна уу?
	한국어	안녕? 바야르(Баяр) 있어요?
②	라틴전사	ta buruγu utasudaǰai.
	키릴몽골문	Та буруу утасдажээ.
	한국어	당신 전화 잘못 걸었어요.
③	라틴전사	aγučilaγarai.
	키릴몽골문	Уучлаарай.
	한국어	미안합니다.
④	라틴전사	ǰüger e.
	키릴몽골문	Зүгээрээ.
	한국어	괜찮아요.
⑤	라틴전사	sayin uu? čečeg bayin-a uu?
	키릴몽골문	Сайн уу? Цэцэг байна уу?
	한국어	안녕? 체첵 있어요?
⑥	라틴전사	bi bayin-a. sayin uu?
	키릴몽골문	Би байна. Сайн уу?
	한국어	나야. 안녕?
⑦	라틴전사	sonin sayiqan yaγu bayin-a bui?
	키릴몽골문	Сонин сайхан юу байна вэ?
	한국어	그동안 잘 지냈어?
⑧	라틴전사	yaγum-a ügei. tayibung.
	키릴몽골문	Юмгүй. Тайван.
	한국어	별일 없어. 잘 지내고 있어.

새로운 단어

본문의 새로운 단어

전통몽골문					
라틴전사	buruɣu	utasudaqu	aɣučilaɣarai	yaɣum-a ügei	tayibung
키릴몽골문	буруу	утасдах	уучлаарай	юмгүй	тайван
한국어	틀린	전화하다	미안합니다	별일 없다	평안한

보충 단어

전통몽골문					
라틴전사	udaqu	sayiqan	qarilčaqu	teyimü e	qamiy-a ügei
키릴몽골문	удах	сайхан	харилцах	тийм ээ	хамаагүй
한국어	늦다, 오래다	좋은	연락하다	그러게	상관없다

문법 설명

1. ta čini: та чинь, 당신

(Mongolian script)	- 〈 (script) 〉(čini)는 2인칭 재귀어미 중 하나. - 인칭 재귀어미(Биеийн хамаатуулах нөхцөл)는 1인칭 재귀어미(минь/ маань), 2인칭 재귀어미(чинь/тань), 3인칭 재귀어미(нь)로 나뉜다. - 보통 재귀·소유격 어미(귀납적 재귀어미: Ерөнхийлөн хамаатуулах нөхцөл) (-ban/-ben/-iyan/-iyen)를 사용한다. - 〈 (script) 〉(чиний: činu)와 혼동하지 않도록 주의 필요.

(Mongolian script)	라틴전사	ta čini ken bile? ta čini batu-yin aq-a uu?
	키릴몽골문	Та чинь хэн билээ? Та чинь Батын ах уу?
	한국어	당신은 누굽니까? 당신은 바트의 형입니까?

2. utasudaǰai: утасдажээ, 전화했다, 연락했다

(Mongolian script)	- 〈 (script) 〉(utasu) 뒤에 파생 동사의 부가성분 〈 (script) 〉와 과거시제어미 〈 (script) 〉로 구성.

(Mongolian script)	라틴전사	bi baγsi-du utasudaǰai. abu-du utasudaǰai.
	키릴몽골문	Би багшид утасдажээ. Аавд утасдажээ.
	한국어	나는 선생님에게 전화했다. 아버지에게 전화했다.

3. bolul-a: боллоо, ~ㅆ다

ᡝᠪ	– 〈ᡉ〉(bol-)에 과거시제어미 〈ᡡ〉(l-a: лаа⁴)가 결합된 형태이다. – 과거시제어미 〈ᡡ〉(l-a: лаа⁴)는 가까운 과거나 가까운 미래를 나타낸다.	

	라틴전사	qalaɣun bolul-a. küiten bolul-a.
	키릴몽골문	Халуун боллоо. Хүйтэн боллоо.
	한국어	더워졌다. 추워졌다.

연습 문제 1: 본문 두 번 따라 쓰기

①	②	③	④	⑤	⑥	⑦	⑧	①	②	③	④	⑤	⑥	⑦	⑧

연습 문제 2: 새로운 단어 따라 쓰기

몽골 문화 더보기

몽골의 울란바타르는 세계에서 가장 추운 수도로 알려져 있다. 울란바타르의 연평균 기온은 -0.4℃, 겨울철 평균 기온은 -20.3℃로 혹한으로 유명하다. 12월~1월에는 -35도까지 내려가서 길을 걸어 다니다 보면 속눈썹이 어는 경험을 할 수 있다.

24과 어서 오세요

① ᠰᠠᠶᠢᠨ ᠪᠠᠶᠢᠨ᠎ᠠ ᠤᠤ?

② ᠰᠠᠶᠢᠨ ᠪᠠᠶᠢᠨ᠎ᠠ ᠤᠤ? ᠲᠠ ᠰᠠᠶᠢᠨ ᠪᠠᠶᠢᠨ᠎ᠠ ᠤᠤ᠃᠃

③ ᠪᠢ ᠪᠠᠰᠠ ᠰᠠᠶᠢᠬᠠᠨ ᠪᠠᠶᠢᠨ᠎ᠠ᠂ ᠲᠠ ᠰᠠᠶᠢᠬᠠᠨ ᠪᠠᠶᠢᠨ᠎ᠠ ᠤᠤ?

④ ᠪᠢ ᠰᠠᠶᠢᠬᠠᠨ᠃᠃

⑤ ᠰᠠᠭᠤᠭᠠᠷᠠᠢ᠃᠃

⑥ ᠲᠠᠨ᠎ᠠ ᠲᠠᠢ ᠤᠴᠠᠷᠠᠭᠰᠠᠨ ᠲᠠᠭᠠᠳᠠᠢ᠃᠃

⑦ ᠮᠢᠨᠦ ᠨᠡᠷ᠎ᠡ ᠪᠠᠲᠤ ᠭᠡᠳᠡᠭ ᠰᠠᠶᠢᠬᠠᠨ᠃᠃

⑧ ᠰᠠᠶᠢᠬᠠᠨ᠃᠃

키릴몽골문		
	①	
	②	
	③	
	④	
	⑤	
	⑥	
	⑦	
	⑧	

한국어		
	①	
	②	
	③	
	④	
	⑤	
	⑥	
	⑦	
	⑧	

본문 해제

①	라틴전사	sayin bayin-a uu?
	키릴몽골문	Сайн байна уу?
	한국어	안녕하세요?
②	라틴전사	sayin bayin-a uu? tabatai morilan-a uu.
	키릴몽골문	Сайн байна уу? Тавтай морилно уу.
	한국어	안녕하세요? 어서 오세요.
③	라틴전사	ta čai uuɣuqu uu, umdaɣan uuɣuqu uu?
	키릴몽골문	Та цай уух уу, ундаа уух уу?
	한국어	당신은 차를 마시겠어요, 음료를 마시겠어요?
④	라틴전사	čai uuɣuy-a.
	키릴몽골문	Цайууя.
	한국어	차를 마실게요.
⑤	라틴전사	bayarlal-a.
	키릴몽골문	Баярлалаа.
	한국어	감사합니다.
⑥	라틴전사	aɣaruul qamtu idegerei.
	키릴몽골문	Ааруул хамт идээрэй.
	한국어	아롤도 함께 드세요.
⑦	라틴전사	ende sin-e činaɣsan miq-a bayin-a.
	키릴몽골문	Энд шинэ чанасан мах байна.
	한국어	여기 새로 삶은 고기가 있습니다.
⑧	라틴전사	bayarlal-a.
	키릴몽골문	Баярлалаа.
	한국어	감사합니다.

새로운 단어

본문의 새로운 단어

전통몽골문					
라틴전사	tabatai morilaɣarai	aɣaruul	sin-e	činaqu	bayarlaqu
키릴몽골문	тавтай морилоорой	аруул	шинэ	чанах	баярлах
한국어	어서 오세요	아롤(우유과자)	새로운	삶다, 끓이다	기뻐하다, 고마워하다

전통몽골문					
라틴전사	čaɣan idege	ulaɣan idege	sir-a tosu	ǰögekei	ǰoyuɣlaqu	sikir
키릴몽골문	цагаан идээ	улаан идээ	шар тос	зөөхий	зооглох	чихэр
한국어	유제품	육류	샤르 터스(버터)	저히(유제품)	드시다, 잡수다	사탕

문법 설명

1. saɣataɣarai: caaтaapaй, 잠시 쉬세요

ᠰᠠᠭᠠᠲᠠᠭᠠᠷᠠᠢ	- 동사의 어간 〈ᠰᠠᠭᠠᠲᠠ〉(saɣata-) 뒤에 2인칭 종결어미인 〈ᠭᠠᠷᠠᠢ〉(-ɣarai: aapaй)가 결합된 형태.
	- 2인칭 종결어미 〈ᠭᠠᠷᠠᠢ/ᠭᠡᠷᠡᠢ〉(-ɣarai/-gerei: aapaй[4])는 2인칭(너/당신)에 대해 권유하는 의미로 "~하세요."라는 뜻으로 사용된다.
	- 2인칭 종결어미 〈ᠭᠠᠷᠠᠢ/ᠭᠡᠷᠡᠢ〉(-ɣarai/-gerei)보다 지시와 권유의 의미가 조금 더 강한 2인칭 종결어미로 〈ᠭᠠᠴᠢ/ᠭᠡᠴᠢ〉(-ɣači/-geči: -aaч[4])가 있다. 이 어미는 "~(해)주시오."로 사용된다.

	라틴전사	idegerei! ungsiɣarai!
	키릴몽골문	Идээрэй! Уншаарай!
	한국어	드세요! 읽으세요.

2. čaɣan idege-eče-ni: цагаан идээгээс нь, 유제품부터

ᠴᠠᠭᠠᠨ ᠢᠳᠡᠭᠡ ᠡᠴᠡ ᠨᠢ	- 〈ᠨᠢ〉(ni)는 주로 문장 중에서 주어의 표지나 문장 중 강조하고 싶은 단어 뒤에 표시한다.

	라틴전사	čaɣan idege-eče-ni idegerei. čai-ača-ni uuɣu.
	키릴몽골문	Цагаан идээгээс нь идээрэй. Цайгаас нь уу!
	한국어	유제품부터 드세요. 차부터 마셔!

연습 문제 1: 본문 두 번 따라 쓰기

| ① | ② | ③ | ④ | ⑤ | ⑥ | ⑦ | ⑧ | ① | ② | ③ | ④ | ⑤ | ⑥ | ⑦ | ⑧ |

연습 문제 2: 새로운 단어 따라 쓰기

몽골 문화 더보기

몽골 사람들은 음식 중에서도 유제품을 특히 중요하게 생각한다. 흰색의 깨끗함을 숭상하며, 유제품을 함부로 땅에 버리거나 낭비하는 것을 금기시한다. 몽골인들의 유제품에 대한 인상적인 인식 한 가지를 꼽자면, 그들은 차를 끓이다가 우유를 첨가하면 수태차(우유차)가 되지만 우유에 차를 부으면 좋지 않다고 여긴다.

25과 몇 시에 자나요?

본문

① ᠣᠨ ᠴᠠᠭ ᠪᠠᠶᠢᠨᠠ ᠪᠤ ᠪᠢᠳᠡᠨ ᠦ᠂ ?

② ᠤᠶᠢᠷ᠎ᠠ ᠴᠠᠭ ᠪᠠᠶᠢᠨᠠ ᠪᠤ ᠪᠢᠳᠡᠨ ᠦ᠃

③ ᠣᠨ ᠴᠠᠭ ᠪᠠᠶᠢᠨᠠ ᠪᠤ ᠳᠡᠭᠡᠷ᠎ᠠ ᠴᠠᠭ ᠠᠮᠤᠷᠠᠵᠤ ᠪᠠᠶᠢᠨᠠ ᠪᠤ ?

④ ᠤᠶᠢᠷᠠᠳᠬᠤ ᠴᠠᠭ ᠪᠤ ᠪᠢᠳᠡᠨ ᠦ᠃

⑤ ᠣᠨ ᠴᠠᠭ ᠪᠠᠶᠢᠨᠠ ᠪᠤ ᠠᠮᠤᠷ ᠴᠠᠭ ᠳᠤ ᠪᠠᠶᠢᠨᠠ ᠪᠤ ?

⑥ ᠳᠡᠭᠡᠷ᠎ᠠ ᠴᠠᠭ ᠤᠶᠢᠷᠠᠳᠬᠤ ᠴᠠᠭ ᠪᠠᠶᠢᠨᠠ ᠪᠤ ᠪᠢᠳᠡᠨ ᠦ᠃

⑦ ᠣᠨ ᠴᠠᠭ ᠪᠠᠶᠢᠨᠠ ᠪᠤ ᠪᠠᠶᠢᠨᠠ ᠪᠤ ?

⑧ ᠳᠡᠭᠡᠷ᠎ᠠ ᠴᠠᠭ ᠠᠮᠤᠷᠠᠵᠤ ᠪᠠᠶᠢᠨᠠ ᠪᠤ ᠪᠢᠳᠡᠨ ᠦ᠃

본문 써보기

키릴몽골문	①
	②
	③
	④
	⑤
	⑥
	⑦
	⑧

한국어	①
	②
	③
	④
	⑤
	⑥
	⑦
	⑧

본문 해제

①	라틴전사	ta kedün caɣ-tu aǰilladaɣ bui?	
	키릴몽골문	Та хэдэн цагт ажилладаг вэ?	
	한국어	당신은 몇 시에 일하나요?	
②	라틴전사	bi naiman caɣ-tu aǰilladaɣ.	
	키릴몽골문	Би найман цагт ажилладаг.	
	한국어	나는 8시에 일합니다.	
③	라틴전사	ta kedün caɣ-tu orui-yin qoɣula idedeg bui?	
	키릴몽골문	Та хэдэн цагт оройн хоол иддэг вэ?	
	한국어	당신은 몇 시에 저녁밥을 먹나요?	
④	라틴전사	bi ǰirɣuɣan caɣ-tu idedeg.	
	키릴몽골문	Би зургаан цагт иддэг.	
	한국어	나는 6시에 먹습니다.	
⑤	라틴전사	ta kedün caɣ-tu aǰil-ača-ban amaradaɣ bui?	
	키릴몽골문	Та хэдэн цагт ажлаасаа амардаг вэ?	
	한국어	당신은 몇 시에 (일로부터) 쉬나요?	
⑥	라틴전사	orui-yin ǰirɣuɣan caɣ-tu amaradaɣ.	
	키릴몽골문	Оройн зургаан цагт амардаг.	
	한국어	저녁 6시부터 쉽니다.	
⑦	라틴전사	ta kedün caɣ-tu untadaɣ bui?	
	키릴몽골문	Та хэдэн цагт унтдаг вэ?	
	한국어	당신은 몇 시에 자나요?	
⑧	라틴전사	söni-yin arban caɣ-tu untadaɣ.	
	키릴몽골문	Шөнийн арван цагт унтдаг.	
	한국어	밤 10시에 잡니다.	

새로운 단어

본문의 새로운 단어

전통몽골문				
라틴전사	amaraqu	untaqu	orui-yin ǰiryuyan čay	söni-yin arban cay
키릴몽골문	амарах	унтах	оройн зургаан цаг	шөнийн арван цаг
한국어	쉬다	자다	저녁 6시	밤 10시

보충 단어 1: 하루 생활 및 일상 단어

전통몽골문							
라틴전사	amidural	örlüge	büri	bosqu	očiqu	tosqu	daray-a
키릴몽골문	амьдрал	өглөө	бүр	босох	очих	тосох	дараа
한국어	삶, 생활	아침	마다	일어나다	방문하다	마중하다	다음

전통몽골문					
라틴전사	nayadqu	čai uuyuqu	qoyula idekü	kičiyel oruqu	kičiyel tayaraqu	dasqal kikü
키릴몽골문	наадах	цай уух	хоол идэх	хичээл орох	хичээл таарах	дасгал хийх
한국어	놀다	차를 마시다	음식을 먹다	수업하다	수업을 마치다	숙제하다

보충 단어 2: 시간별 명칭 1

전통몽골문	ᠦᠦᠷ	ᠦᠷᠯᠦᠭᠡ	ᠦᠳᠡ	ᠦᠳᠡ ᠡᠴᠡ ᠬᠣᠶᠢᠰᠢ	ᠦᠳᠡᠰᠢ	ᠣᠷᠣᠢ	ᠰᠥᠨᠢ
라틴전사	üür	örlüge	üde	üde-eče qoyisi	üdesi	orui	söni
키릴몽골문	үүр	өглөө	үд	үдээс хойш	үдэш	орой	шөнө
한국어	새벽	아침	정오	오후	저녁(황혼)	저녁	밤

- 보충 단어 3: 시간별 명칭 2

전통몽골문	ᠤᠷᠵᠢᠳᠤᠷ	ᠦᠴᠦᠭᠡᠳᠦᠷ	ᠦᠨᠦᠳᠦᠷ	ᠮᠠᠷᠭᠠᠰᠢ	ᠨᠥᠭᠦᠭᠡᠳᠦᠷ
라틴전사	urǰidur	öčügedür	önüdür	marγasi	nögügedür
키릴몽골문	уржигдар	өчигдөр	өнөөдөр	маргааш	нөгөөдөр
한국어	그저께	어제	오늘	내일	모레

1. büri: бүр, 매~, ~마다

ᠪᠦᠷᠢ	– 수량과 범위의 후치사

	라틴전사	kümün büri. suruγči büri.
	키릴몽골문	Хүн бүр. Сурагч бүр.
	한국어	사람마다. 학생마다.

2. bosdaγ: босдог, 일어나곤 하다

ᠪᠣᠰᠳᠠᠭ	– ⟨ᠪᠣᠰ⟩(bos-) 뒤에 현재반복시제 ⟨ᠳᠠᠭ⟩(-daγ)이 결합된 단어이다. – 동작의 주기성이나 습관성을 나타낸다. – 주로 현재 시제에 사용한다.

	라틴전사	tere erte bosdaγ. erte bosdaγ kümün.
	키릴몽골문	Тэр эрт босдог. Эрт босдог хүн.
	한국어	그는 일찍 일어난다. 일찍 일어나는 사람.

연습 문제 1: 본문 두 번 따라 쓰기

①	②	③	④	⑤	⑥	⑦	⑧	①	②	③	④	⑤	⑥	⑦	⑧

연습 문제 2: 새로운 단어 따라 쓰기

몽골 문화 더보기

몽골 사람들은 한 해의 마지막 날인 비퉁(битүүн)에 부정적인 행동이나 어두운 것을 꺼린다. 모든 것을 깨끗하게 청소하고 긍정적이고 밝은 것을 통해 행복한 새해가 시작되기를 기원했다. 이 때문에 빚이 있으면 갚고, 부족하고 결핍된 것을 채우는 일을 중요하게 생각한다. 비퉁에 관련된 금기는 여러 가지인데, 이날은 가축을 도축하지 않으며 생명을 해치지 않는다. 또한 배고픈 채로 굶고 자지 않는데, 만약 굶으면 그다음 해 내내 배고프게 지내게 된다고 여겨 꼭 배부르도록 먹는 풍속이 있다. 이날 밤은 어둡게 지내지 않고 밤새 불을 밝혀 주위를 환하게 해 놓는데, 밝은 새해를 맞이하는 상징적인 의미를 가진다.

26과 생일은 언제입니까?

① ᠡ᠊ᠤ᠋᠂ ᠬᠣᠷᠢᠨᠳᠠᠭᠠᠷ ᠬᠢᠴᠢᠶᠡᠯ ᠪᠣᠯᠤᠨᠠ ᠤᠤ?

② ᠲᠠᠨ ᠤ᠋ ᠨᠠᠰᠤ ᠬᠡᠳᠦ ᠪᠤᠢ᠃

③ ᠲᠡᠷᠡ ᠬᠢᠴᠢᠶᠡᠯ ᠪᠣᠯᠤᠨᠠ ᠤᠤ?

④ ᠬᠣᠷᠢ᠃

⑤ ᠲᠠ ᠬᠣᠷᠢᠨᠳᠠᠭᠠᠷ ᠬᠢᠴᠢᠶᠡᠯ ᠪᠣᠯᠤᠨᠠ ᠤᠤ?

⑥ ᠲᠦᠷᠦᠭᠰᠡᠨ ᠡᠳᠦᠷ ᠬᠡᠵᠢᠶᠡ ᠪᠤᠢ᠃

⑦ ᠲᠠᠨ ᠤ᠋ ᠨᠠᠰᠤ ᠬᠡᠳᠦ ᠪᠤᠢ?

⑧ ᠲᠠ᠂ ᠨᠠᠰᠤ ᠬᠡᠳᠦ ᠪᠤᠢ᠃

본문 써보기

키릴몽골문	①	
	②	
	③	
	④	
	⑤	
	⑥	
	⑦	
	⑧	
한국어	①	
	②	
	③	
	④	
	⑤	
	⑥	
	⑦	
	⑧	

본문 해제

①	라틴전사	tan-u törügsen edür keǰiy-e bile?
	키릴몽골문	Таны төрсөн өдөр хэзээ билээ?
	한국어	당신의 생일은 언제였죠?
②	라틴전사	ɣurban sar-a-yin nigen.
	키릴몽골문	Гурван сарын нэгэн.
	한국어	3월 1일입니다.
③	라틴전사	arɣ-a-yin ularil uu?
	키릴몽골문	Аргын улирал уу?
	한국어	양력입니까?
④	라틴전사	teyimü e.
	키릴몽골문	Тийм ээ.
	한국어	네.
⑤	라틴전사	batu-yin törügsen edür keǰiy-e bile?
	키릴몽골문	Батын төрсөн өдөр хэзээ билээ?
	한국어	바트의 생일은 언제입니까?
⑥	라틴전사	ǰirɣuɣan sar-a-yin nigen.
	키릴몽골문	Зургаан сарын нэгэн.
	한국어	6월 1일입니다.
⑦	라틴전사	bilig-ün ularil uu?
	키릴몽골문	Билгийн улирал уу?
	한국어	음력입니까?
⑧	라틴전사	bisi, arɣ-a-yin ularil.
	키릴몽골문	Биш, аргын улирал.
	한국어	아니요, 양력입니다.

새로운 단어

본문의 새로운 단어

전통몽골문	(몽골문자)	(몽골문자)	(몽골문자)	(몽골문자)
라틴전사	törügsen edür	arγ-a-yin ularil	bilig-ün ularil	bisi
키릴몽골문	төрсөн өдөр	аргын улирал	билгийн улирал	биш
한국어	생일	양력	음력	~아니다

보충 단어 1: 초대 관련 표현

전통몽골문	(몽골문자)	(몽골문자)	(몽골문자)	(몽골문자)	(몽골문자)	(몽골문자)
라틴전사	bayar kürgey-e	törügsen edür-ün beleg	nayiǰa	uriqu	küliyekü	bayartai
키릴몽골문	баяр хүргэе	төрсөн өдрийн бэлэг	найз	урих	хүлээх	баяртай
한국어	축하합니다	생일 선물	친구	초대하다	기다리다	기쁘다, 안녕

보충 단어 2: 서수 표기

전통몽골문					
라틴전사	nigedüger	qoyaduγar	γurbaduγar	dörbedüger	tabuduγar
키릴몽골문	нэгдүгээр	хоёрдугаар	гуравдугаар	дөрөвдүгээр	тавдугаар
한국어	첫 번째	두 번째	세 번째	네 번째	다섯 번째

전통몽골문					
라틴전사	jirγuγaduγar	doluγaduγar	naimaduγar	yisüdüger	arbaduγar
키릴몽골문	зургадугаар	долдугаар	наймдугаар	есдүгээр	аравдугаар
한국어	여섯 번째	일곱 번째	여덟 번째	아홉 번째	열 번째

1. uriǰu bayin-a: урьж байна, 초대하고 있다

(몽골 문자)	– 〈 ⟩(uri-) 뒤에 현재진행시제 〈 ⟩(-ǰu/-ǰü/-ču/-čü bayin-a)가 결합된 형태. – "~하고 있다"로 해석되며, 현재 진행의 의미를 나타낸다.

	라틴전사	tan-i uriǰu bayin-a. baγsi yariǰu, bide sonusba.
(몽골 문자)	키릴몽골문	Таныг урьж байна. Багш ярьж, бид сонссон.
	한국어	당신을 초대하고 있다. 선생님은 말하고, 우리는 들었다.

2. bile: билээ, ~였나(요)?

(몽골 문자)	– 양태첨사. – 의심·확인의 표현. – 잊은 것(일)에 대한 확인을 나타낸다.

	라틴전사	öčügedür yabuγsan bile. önüdür silγalta bile.
(몽골 문자)	키릴몽골문	Өчигдөр явагдсан билээ. Өнөөдөр шалгалт билээ.
	한국어	어제 간 거지? (갔지?) 오늘 시험인 거지? (시험이지?)

연습 문제 1: 본문 두 번 따라 쓰기

①	②	③	④	⑤	⑥	⑦	⑧	①	②	③	④	⑤	⑥	⑦	⑧

연습 문제 2: 새로운 단어 따라 쓰기

몽골 문화 더보기

몽골도 양력과 음력을 따로 계산한다. 특히 음력으로 한 해의 마지막 날인 비퉁(битүүн)과 한 해가 시작되는 차강사르(цагаан сар)를 우리의 설날과 같이 가장 중요한 명절로 여긴다. 몽골의 음력은 티베트력을 따른다.

27과 어떤 소원을 가지고 있습니까?

본문

① ᠣᠨ ᠵᠢᠯ ᠬᠡᠳᠦ ᠥᠨ ᠪᠤᠢ?

② ᠲᠠ ᠪᠤᠳᠠᠩᠭᠢᠷ ᠪᠠᠢᠨᠠ ᠤ᠂᠂

③ ᠣᠨ ᠵᠢᠯ ᠪᠠᠭᠠ ᠤ ᠬᠡᠪᠡᠷ ᠪᠤᠢ?

④ ᠪᠠᠢᠭᠠ ᠪᠠᠳᠠᠩ ᠤ ᠪᠠᠢᠨᠠ ᠤ᠂᠂

⑤ ᠣᠨ ᠵᠢᠯ ᠬᠡᠳᠦ ᠥᠨ ᠪᠤᠢ?

⑥ ᠲᠠ ᠬᠢᠴᠢᠶᠡᠯ ᠦ ᠪᠣᠯᠤᠨᠠ ᠪᠠᠢᠨᠠ ᠤ᠂᠂

⑦ ᠣᠨ ᠵᠢᠯ ᠬᠢᠭᠡᠳ ᠦ ᠬᠡᠪᠡᠷ ᠪᠤᠢ?

⑧ ᠬᠡᠳᠦ ᠥᠨ ᠬᠢᠭᠡᠳ ᠦ ᠪᠠᠢᠨᠠ ᠤ᠂᠂

본문 써보기

키릴몽골문	①	
	②	
	③	
	④	
	⑤	
	⑥	
	⑦	
	⑧	
한국어	①	
	②	
	③	
	④	
	⑤	
	⑥	
	⑦	
	⑧	

본문 해제

①	라틴전사	ta yamar küsel-tei bui?
	키릴몽골문	Та ямар хүсэлтэй вэ?
	한국어	당신은 어떤 소원을 가지고 있습니까?
②	라틴전사	bi büjigčin bolun-a.
	키릴몽골문	Би бүжигчин болно.
	한국어	나는 무용가가 될 거예요.
③	라틴전사	ta yamar büjig-tü duratai bui?
	키릴몽골문	Та ямар бүжигт дуртай вэ?
	한국어	당신은 어떤 춤을 좋아하나요?
④	라틴전사	balėt büjig-tü duratai.
	키릴몽골문	Балет бүжигт дуртай.
	한국어	발레를 좋아해요.
⑤	라틴전사	ta yamar küsel-tei bui?
	키릴몽골문	Та ямар хүсэлтэй вэ?
	한국어	당신은 어떤 소원을 가지고 있습니까?
⑥	라틴전사	bi sinjilekü uqaɣan-u erdemten bolun-a.
	키릴몽골문	Би шинжлэх ухааны эрдэмтэн болно.
	한국어	나는 과학자가 될 거예요.
⑦	라틴전사	ta yamar kičiyel-dü duratai bui?
	키릴몽골문	Та ямар хичээлд дуртай вэ?
	한국어	당신은 어떤 수업을 좋아하나요?
⑧	라틴전사	Fizik-un kičiyel-dü duratai.
	키릴몽골문	физикын хичээлд дуртай.
	한국어	물리학을 좋아해요.

새로운 단어

본문의 새로운 단어

전통몽골문					
라틴전사	büjigčin	balėt büjig	sinjilekü uqaɣan-u erdemten	fiziḱ	kičiyel
키릴몽골문	бүжигчин	балет бүжиг	шинжлэх ухааны эрдэмтэн	физик	хичээл
한국어	무용가	발레	과학자	물리학	수업

보충 단어

전통몽골문						
라틴전사	tamirčin	jiruɣčin	jiruqu	jiruɣ	üjel sanaɣ-a	bodul	joriɣ
키릴몽골문	тамирчин	зурагчин	зурах	зураг	үзэл санаа	бодол	зориг
한국어	운동선수	사진작가	그림 그리다	그림	관점	생각, 사고	용기

전통몽골문						
라틴전사	itegel	küsel	ürgülji	kelberi yangju	anggilaqu	orulčaqu	qadaɣalaqu
키릴몽골문	итгэл	хүсэл	үргэлж	хэлбэр янз	ангилах	оролцох	хадгалах
한국어	신뢰	희망	언제나	모양, 형태	분류하다	참가하다	저장하다

문법 설명

1. tegün-dü: түүнд, 그/그녀에게

ᠲᠡᠭᠦᠨ ᠳᠦ	- 3인칭 대명사 〈ᠲᠡᠷᠡ〉(tere)에 여처격 〈ᠳᠦ〉(-dü)이 결합된 형태.

	라틴전사	tegün-dü nom ögbe. tegün-dü kelebe.
	키릴몽골문	Түүнд ном өгөв. Түүнд хэлэв.
	한국어	그에게 책을 주었다. 그에게 말했다.

2. qamuγ-un čiqula: хамгийн чухал, 가장 중요한

ᠬᠠᠮᠤᠭ ᠤᠨ ᠴᠢᠬᠤᠯᠠ	- 형용사 〈ᠴᠢᠬᠤᠯᠠ〉(čiqula)은 비교 범주 중 "가장 최고"를 나타낸다. - 정도부사 〈ᠬᠠᠮᠤᠭ〉(qamuγ)과 소유격 어미 〈ᠤᠨ〉(-un)과 함께 결합되어 주로 사용된다. - 몽골어 중에는 형용사를 이런 형태로 흔히 사용하곤 한다.

	라틴전사	qamuγ-un öndür. qamuγ-un γoyu.
	키릴몽골문	Хамгийн өндөр. Хамгийн гоё.
	한국어	가장 큰. 가장 예쁜.

연습 문제 1: 본문 두 번 따라 쓰기

① ② ③ ④ ⑤ ⑥ ⑦ ⑧   ① ② ③ ④ ⑤ ⑥ ⑦ ⑧

연습 문제 2: 새로운 단어 따라 쓰기

몽골 문화 더보기

몽골의 오축(五畜) 중 몽골인들이 가장 사랑하는 동물은 말이다. 옛부터 몽골에서는 세상의 지혜를 말에 빗대어 묘사한 속담과 격언들이 많이 전해진다. "Мориныг сайныг давхиж мэд Мөнгөний сайныг давтаж мэд 말은 달려봐야 알고, 은의 질은 두드려 봐야 안다." "Мориныг сайныг унаж мэддэг Нөхрийн сайныг ханилж мэддэг 말은 타 봐야 알 수 있고, 사람은 지내 봐야 안다." "Морь сайнтай хүн зам хайхрахгүй Хань сайнтай хүн зовлон мэдэхгүй 말이 좋으면 길이 나빠도 상관없고, 좋은 배우자가 있으면 고생을 모른다." 등의 격언은 말과 사람의 성격을 빗대어 말한다.

28과 어떻게 지내?

본문

ᠠᠰᠠᠭᠤᠵᠤ ᠮᠡᠨᠳᠦ ᠪᠠᠢᠨ᠎ᠠ ᠤᠤ︖ ①

ᠪᠢ ᠮᠡᠨᠳᠦ᠂ ᠲᠠ ᠰᠠᠢᠨ ᠦᠦ ᠪᠠᠢᠨ᠎ᠠ ᠤᠤ ②

ᠲᠠᠨ ᠤ ᠠᠵᠢᠯ ᠦᠢᠯᠡ ᠪᠦᠲᠦᠮᠵᠢᠲᠡᠢ ᠤᠤ︖ ③

ᠲᠠᠨᠠᠢᠬᠠᠨ ᠮᠡᠨᠳᠦ ᠦᠦ︖ ④

ᠪᠦᠷ ᠰᠠᠢᠨ᠂ ᠮᠠᠰᠢ ᠲᠠᠯᠠᠷᠬᠠᠵᠤ ᠪᠠᠢᠨ᠎ᠠ ⑤

ᠲᠠᠨᠠᠢᠬᠠᠨ ᠴᠦ ᠮᠡᠨᠳᠦ ᠦᠦ ᠰᠠᠢᠬᠠᠨ ⑥

ᠪᠦᠷ ᠮᠡᠨᠳᠦ᠁ ⑦

ᠠᠰᠠᠭᠤᠵᠤ ᠮᠡᠨᠳᠦ ᠪᠠᠢᠨ᠎ᠠ ᠤᠤ︖ ⑧

ᠪᠢ ᠲᠠᠨ ᠢ ᠤᠴᠠᠷᠠᠭᠰᠠᠨ ᠳᠤ ᠪᠠᠶᠠᠷᠲᠠᠢ ᠪᠠᠢᠨ᠎ᠠ᠁

본문 써보기

키릴몽골문		
	①	
	②	
	③	
	④	
	⑤	
	⑥	
	⑦	
	⑧	

한국어		
	①	
	②	
	③	
	④	
	⑤	
	⑥	
	⑦	
	⑧	

본문 해제

①	라틴전사	sonin sayiqan yaɤu bayin-a?
	키릴몽골문	Сонин сайхан юу байна?
	한국어	어떻게 지내? (새로운 소식 있니?)
②	라틴전사	bi irekü doluɤ-a qonuɤ-tu köbsügül-iyer ayalal kikü-ber tölübleǰü bayin-a.
	키릴몽골문	Би ирэх долоо хоногт Хөвсгөл рүү аялал хийхээр төлөвлөж байна.
	한국어	나는 다음 주에 헙스걸로 여행 가려고 계획하고 있어.
③	라틴전사	yaɤukiɤsan sayiqan bui?
	키릴몽골문	Яасан сайхан бэ!
	한국어	아주 좋네!
④	라틴전사	sonin sayiqan yaɤu bayin-a?
	키릴몽골문	Сонин сайхан юу байна?
	한국어	어떻게 지내? (새로운 소식 있니?)
⑤	라틴전사	minu aq-a mongɤol ulus-un yeke surɤaɤuli-du silɤaltan-du tengčegsen.
	키릴몽골문	Миний ах Монгол улсын их сургуульд шалгалтанд тэнцсэн.
	한국어	나의 오빠(형)가 몽골국립대 입학시험에 합격했어.
⑥	라틴전사	bayar kürgey-e.
	키릴몽골문	Баяр хүргэе.
	한국어	축하해.
⑦	라틴전사	sonin sayiqan yaɤu bayin-a?
	키릴몽골문	Сонин сайхан юу байна?
	한국어	어떻게 지내? (새로운 소식 있니?)
⑧	라틴전사	bi silideg aǰiltan-iyar songɤuɤdaɤsan.
	키릴몽골문	Би шилдэг ажилтанаар сонгогдсон.
	한국어	내가 우수 사원으로 뽑혔어.

새로운 단어

본문의 새로운 단어

전통몽골문	[몽골문]		[몽골문]	[몽골문]
라틴전사	mongγol ulus-un yeke surγaγuli		silγalta	tengčekü
키릴몽골문	몽골 улсын их сургууль		шалгалт	тэнцэх
한국어	몽골국립대학교		시험	합격하다

전통몽골문	[몽골문]	[몽골문]	[몽골문]	[몽골문]
라틴전사	silideg	ajiltan	songγuγdaqu	bayar kürgekü
키릴몽골문	шилдэг	ажилтан	сонгогдох	баяр хүргэх
한국어	우수한	직원(사무직)	선발되다	축하하다

보충 단어

전통몽골문	[몽골문]		[몽골문]	[몽골문]
라틴전사	öbür mongγol-un yeke surγaγuli		yabuqu	sayin
키릴몽골문	өвөр монголын их сургууль		явах	сайн
한국어	내몽골대학교		가다	좋은

전통몽골문	[몽골문]	[몽골문]	[몽골문]	[몽골문]	[몽골문]
라틴전사	maγu	sayiqan	maγuqai	boliqu	medege
키릴몽골문	муу	сайхан	муухай	болих	мэдээ
한국어	나쁜	좋은	나쁜	그만두다	소식, 뉴스

문법 설명

1. ali: аль, 어떤/어느

ᠠᠯᠢ	- 의문사. - 사람과 사물이 어떠한지를 나타낸다.

ᠠᠯᠢ ᠨᠢ ᠪᠤᠢ?	ᠠᠯᠢ ᠶᠢ ᠨᠢ ᠦᠵᠡᠨᠡ?	**라틴전사**	ali-ni bui? ali-yi-ni üǰen-e?
		키릴몽골문	Аль нь вэ? Алийг нь үзнэ(үзэх вэ?)
		한국어	어떤 겁니까? 어느 것을 볼 겁니까?

2. yaɤakiɤsan: яасан, 어떻게 되었나?

ᠶᠠᠭᠠᠬᠢᠭᠰᠠᠨ	- 때때로 감탄의 의미를 표현하기도 한다. - 〈ᠶᠠᠭᠠᠬᠢ〉(yaɤaki-)에서 관련 단어들도 함께 보면 다음과 같다. - 〈ᠶᠠᠭᠠᠬᠢᠬᠤ〉(yaɤakiqu: яах) 어떻게 하다(의문동사), 〈ᠶᠠᠭᠠᠬᠢᠵᠤ〉(yaɤakiǰu: яаж) 어떻게, 〈ᠶᠠᠭᠠᠬᠢᠭᠠᠳ〉(yaɤakiɤad: яагаад) 왜.

ᠲᠡᠷᠡ ᠶᠠᠭᠠᠬᠢᠭᠰᠠᠨ ᠪᠤᠢ?	ᠶᠠᠭᠠᠬᠢᠭᠰᠠᠨ ᠦᠨᠳᠦᠷ ᠪᠤᠢ!	**라틴전사**	tere yaɤakiɤsan bui? yaɤakiɤsan öndür bui!
		키릴몽골문	Тэр яасан бэ? Яасан өндөр вэ!
		한국어	그는 왜 그랬니?(어떠니?) 정말 높다!

①	②	③	④	⑤	⑥	⑦	⑧	①	②	③	④	⑤	⑥	⑦	⑧

연습 문제 2: 새로운 단어 따라 쓰기

몽골 문화 더보기

몽골의 대학입시 입학전형 유형에는 대학교 자율전형, 지역할당전형, 특기자전형 등이 있다. 시험과목 중 필수영역은 몽골어 능력 시험이고, 물리학, 몽골 역사, 영어, 지리학, 생물학, 수학, 국어, 사회학, 러시아어, 화학 등 10개 과목에서 두 가지를 선택하여 시험에 응시한다. 몽골 신입생 선발방법은 각 대학이 정한 입학시험 성적을 기준으로 하며, 또한 대학 지원자의 고교내신 성적, 실기고사, 면접 성적을 기준에 근거한다.

29과 시간 되나요?

① ᠰᠠᠶᠢᠨ ᠪᠠᠶᠢᠨ᠎ᠠ ᠤᠤ? ᠲᠠ ᠦᠨᠦᠳᠦᠷ ᠵᠠᠪᠲᠠᠢ ᠪᠠᠶᠢᠨ᠎ᠠ ᠤᠤ?

② ᠠᠭᠤᠷᠬᠠᠶᠢᠯᠠᠵᠤ! ᠪᠢᠳᠡ ᠡᠨᠳᠡ ᠪᠠᠶᠢᠨ᠎ᠠ᠃

③ ᠲᠡᠭᠡᠪᠡᠯ ᠪᠢ ᠲᠠᠨ᠎ᠠ ᠨᠢᠭᠡ ᠠᠰᠠᠭᠤᠳᠠᠯ ᠠᠰᠠᠭᠤᠵᠤ ᠪᠣᠯᠬᠤ ᠤᠤ?

④ ᠲᠡᠭᠡ᠂ ᠪᠣᠯᠤᠨ᠎ᠠ᠃

⑤ ᠰᠠᠶᠢᠨ ᠤᠤ? ᠲᠠᠨ᠎ᠠ ᠬᠡᠷᠡᠭᠲᠡᠢ᠃

⑥ ᠰᠠᠶᠢᠨ᠂ ᠰᠠᠶᠢᠨ ᠪᠠᠶᠢᠨ᠎ᠠ ᠦᠭᠡᠢ ᠪᠠᠶᠢᠨ᠎ᠠ᠃

⑦ ᠲᠡᠭᠡ ᠦᠨᠦᠳᠦᠷ ᠠᠮᠤᠷ ᠤᠤ᠃

⑧ ᠪᠢ ᠴᠤ ᠪᠠᠶᠠᠷᠯᠠᠯ᠎ᠠ᠃

본문 써보기

키릴몽골문	①
	②
	③
	④
	⑤
	⑥
	⑦
	⑧
한국어	①
	②
	③
	④
	⑤
	⑥
	⑦
	⑧

본문 해제

①	라틴전사	sayin bayin-a uu? tan-tai yarilčaǰu bolqu-uu?
	키릴몽골문	Сайн байна уу? Тантай ярилцаж болох уу?
	한국어	안녕하세요? 당신과 이야기해도 되나요?
②	라틴전사	aɣučilaɣarai! Oduqan ǰab ügei.
	키릴몽골문	Уучлаарай! Одоохон завгүй.
	한국어	미안합니다! 지금은 시간이 없어요.
③	라틴전사	üde-yin qoyin-a ɣurban čaɣ-tu bolqu-uu?
	키릴몽골문	Үдийн хойно гурван цагт болох уу?
	한국어	오후 3시에 시간 됩니까?
④	라틴전사	ǰa, bolun-a.
	키릴몽골문	За, болно.
	한국어	네, 됩니다.
⑤	라틴전사	sayin uu? bayar daruɣ-a.
	키릴몽골문	Сайн уу? Баяр дарга.
	한국어	안녕하세요? 바야르 사장님.
⑥	라틴전사	sayin, sayin, siɣud bayar geǰü daɣudaɣarai.
	키릴몽골문	Сайн, сайн, шууд Баяр гэж дуудаарай.
	한국어	네, 안녕하세요, 그냥 바야르라고 부르세요.
⑦	라틴전사	tan-du ǰiɣaqan učir-tai.
	키릴몽골문	Танд жаахан учиртай.
	한국어	당신에게 잠시 볼일이 있어요.
⑧	라틴전사	ǰa, yariɣarai.
	키릴몽골문	За, яриарай.
	한국어	네, 말하세요.

새로운 단어

본문의 새로운 단어

전통몽골문					
라틴전사	yarilčaqu	aɣučilaqu	ǰab	daruɣ-a	siɣud
키릴몽골문	ярилцах	уучлах	зав	дарга	шууд
한국어	이야기하다	용서하다	여유	대표	직접, 곧바로

전통몽골문				
라틴전사	daɣudaqu	daɣudaɣarai	ǰiɣaqan	učir
키릴몽골문	дуудах	дуудаарай	жаахан	учир
한국어	부르다	부르세요	작은	이유

연습 문제 1: 본문 두 번 따라 쓰기

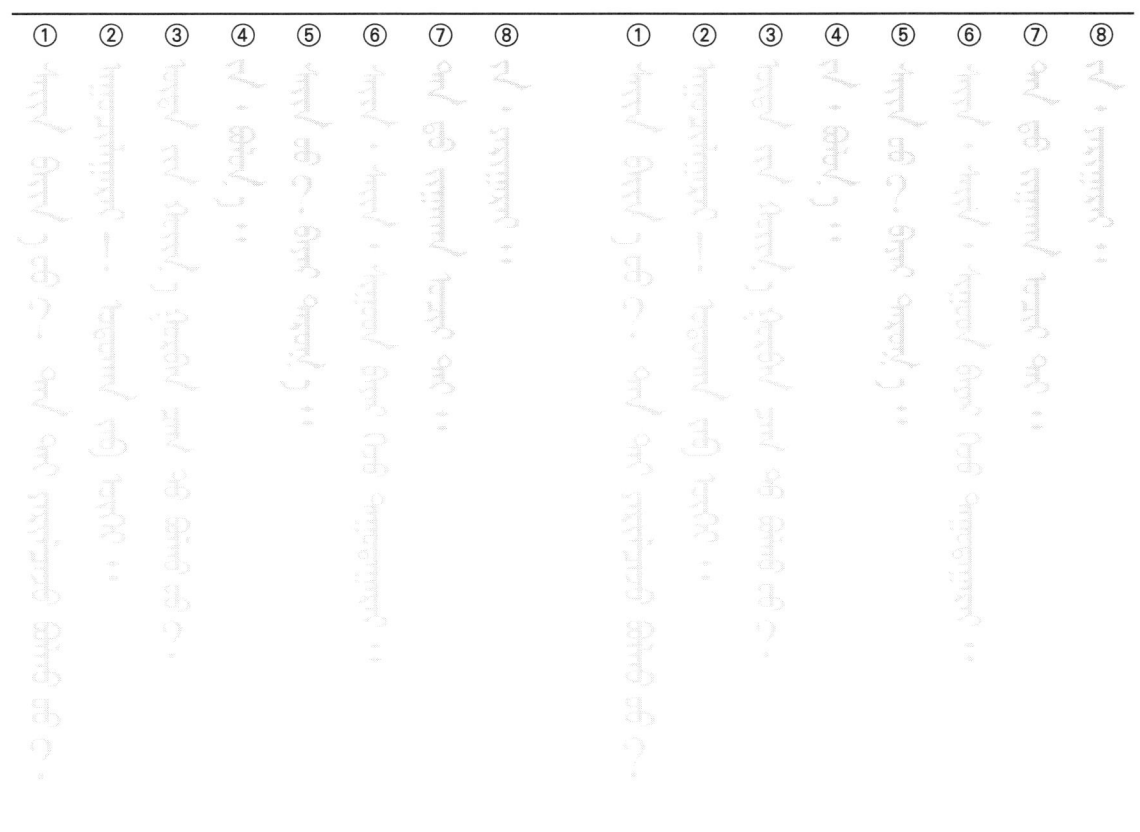

연습 문제 2: 새로운 단어 따라 쓰기

몽골 문화 더보기

몽골에서 다른 사람의 면전에서 딸꾹질을 하거나 이를 쑤시는 행위, 기지개를 켜거나 하품을 행위는 예의 없는 행동이라고 여긴다. 또한 집 안에서 휘파람을 불거나 뒷짐을 지지 않는다.

30과 몇 마리의 새가 있습니까?

본문

① ② ③ ④ ⑤ ⑥ ⑦ ⑧

ᠮᠣᠩᠭᠣᠯ ᠮᠣᠩᠭᠣᠯ ᠮᠣᠩᠭᠣᠯ ᠮᠣᠩᠭᠣᠯ ᠮᠣᠩᠭᠣᠯ ᠮᠣᠩᠭᠣᠯ ᠮᠣᠩᠭᠣᠯ ᠮᠣᠩᠭᠣᠯ

본문 써보기

	①	
키릴몽골문	②	
	③	
	④	
	⑤	
	⑥	
	⑦	
	⑧	
한국어	①	
	②	
	③	
	④	
	⑤	
	⑥	
	⑦	
	⑧	

본문 해제

①	라틴전사	ende kedün taulai bayin-a bui?
	키릴몽골문	Энд хэдэн туулай байна вэ?
	한국어	여기에 몇 마리의 토끼가 있습니까?
②	라틴전사	ende ɣurban taulai bayin-a.
	키릴몽골문	Энд гурван туулай байна.
	한국어	여기에 3마리의 토끼가 있다.
③	라틴전사	tende kedün sibaɣu bayin-a bui?
	키릴몽골문	Тэнд хэдэн шувуу байна вэ?
	한국어	저기에 몇 마리의 새가 있습니까?
④	라틴전사	tende tabun sibaɣu bayin-a.
	키릴몽골문	Тэнд таван шувуу байна.
	한국어	저기에 5마리의 새가 있습니다.
⑤	라틴전사	ende kedün noqai bayin-a bui?
	키릴몽골문	Энд хэдэн нохой байна вэ?
	한국어	여기에 몇 마리의 개가 있습니까?
⑥	라틴전사	nigen noqai bayin-a.
	키릴몽골문	Нэгэн нохой байна.
	한국어	한 마리의 개가 있습니다.
⑦	라틴전사	tende kedün muur bayin-a bui?
	키릴몽골문	Тэнд хэдэн муур байна вэ?
	한국어	저기에 몇 마리의 고양이가 있습니까?
⑧	라틴전사	ǰirɣuɣan muur bayin-a.
	키릴몽골문	Зургаан муур байна.
	한국어	6마리의 고양이가 있습니다.

새로운 단어

본문의 새로운 단어

전통몽골문					
라틴전사	ende	tende	sibaɣu	noqai	muur
키릴몽골문	энд	тэнд	шувуу	нохой	муур
한국어	여기에	저기에	새	개	고양이

보충 단어: 동물

전통몽골문							
라틴전사	arslan	baɣabaɣai	anasi	bürgüd	činu-a	buɣu	ǰaɣan
키릴몽골문	арслан	баавгай	анааш	бүргэд	чоно	буга	заан
한국어	사자	곰	기린	독수리	늑대	사슴	코끼리

전통몽골문						
라틴전사	nuɣusu	ɣalaɣu	elǰige	mori	imaɣ-a	temege
키릴몽골문	нугас	галуу	илжиг	морь	ямаа	тэмээ
한국어	오리	거위	당나귀	말	염소	낙타

연습 문제 1: 본문 두 번 따라 쓰기

①	②	③	④	⑤	⑥	⑦	⑧	①	②	③	④	⑤	⑥	⑦	⑧

연습 문제 2: 새로운 단어 따라 쓰기

몽골 문화 더보기

섬유의 보석이라 불리는 캐시미어는 몽골 경제에서 고부가가치 수익을 올리는 상품이다. 캐시미어의 주원료가 되는 염소 털은 가벼우면서도 부드럽고 보온성이 높아 많은 사랑을 받는다. 몽골과 중국의 내몽골자치구에서 생산하는 염소 털이 특히 부드럽고 따뜻해서 몽골 내에서도 많이 생산되며, 유럽 등지로 원재료 수출도 활발하게 이어지고 있다.

31과 나는 용띠야

① ᠨᠠᠮ ᠶᠠᠭᠤᠨ ᠲᠠᠢ ᠲᠥᠷᠦᠭᠰᠡᠨ ᠪᠤᠢ?

② ᠪᠢ ᠯᠤᠤ ᠲᠠᠢ ᠲᠥᠷᠦᠭᠰᠡᠨ᠃

③ ᠴᠢᠨᠤ ᠡᠵᠢ ᠶᠠᠭᠤᠨ ᠲᠠᠢ ᠲᠥᠷᠦᠭᠰᠡᠨ ᠪᠤᠢ?

④ ᠮᠢᠨᠤ ᠡᠵᠢ ᠲᠠᠤᠯᠠᠢ ᠲᠠᠢ ᠲᠥᠷᠦᠭᠰᠡᠨ᠃

⑤ ᠴᠢ ᠶᠠᠭᠤᠨ ᠲᠠᠢ ᠲᠥᠷᠦᠭᠰᠡᠨ ᠪᠤᠢ?

⑥ ᠮᠢᠨᠤ ᠲᠠᠢ ᠲᠥᠷᠦᠭᠰᠡᠨ᠃

⑦ ᠴᠢᠨᠤ ᠠᠬ᠎ᠠ ᠶᠠᠭᠤᠨ ᠲᠠᠢ ᠲᠥᠷᠦᠭᠰᠡᠨ ᠪᠤᠢ?

⑧ ᠪᠠᠷᠰ ᠲᠠᠢ ᠲᠥᠷᠦᠭᠰᠡᠨ᠃

본문 써보기		
키릴몽골문	①	
	②	
	③	
	④	
	⑤	
	⑥	
	⑦	
	⑧	
한국어	①	
	②	
	③	
	④	
	⑤	
	⑥	
	⑦	
	⑧	

본문 해제

①	라틴전사	či yamar ǰil-tei bui?
	키릴몽골문	Чи ямар жилтэй вэ?
	한국어	너는 어떤 띠니?
②	라틴전사	bi luu ǰil-tei.
	키릴몽골문	Би луу жилтэй.
	한국어	나는 용띠야.
③	라틴전사	abu čini yamar ǰil-tei bui?
	키릴몽골문	Аав чинь ямар жилтэй вэ?
	한국어	네 아버지는 어떤 띠니?
④	라틴전사	quluγan-a ǰil-tei.
	키릴몽골문	Хулгана жилтэй.
	한국어	쥐띠야.
⑤	라틴전사	eǰi čini yamar ǰil-tei bui?
	키릴몽골문	Ээж чинь ямар жилтэй вэ?
	한국어	네 어머니는 어떤 띠니?
⑥	라틴전사	üker ǰil-tei.
	키릴몽골문	Үхэр жилтэй.
	한국어	소띠야.
⑦	라틴전사	egeči čini yaγu-tai bui?
	키릴몽골문	Эгч чинь юутай вэ?
	한국어	네 언니는 무슨 띠니?
⑧	라틴전사	mori ǰil-tei.
	키릴몽골문	Морь жилтэй.
	한국어	말띠야.

새로운 단어

본문의 새로운 단어

전통몽골문			
라틴전사	yamar	ǰil	luu
키릴몽골문	ямар	жил	луу
한국어	어떤	해, 띠	용

보충 단어: 십이지(十二支)

전통몽골문						
라틴전사	quluγan-a	üker	bars	taulai	luu	moγai
키릴몽골문	хулгана	үхэр	барс	туулай	луу	могой
한국어	자(子:쥐)	축(丑:소)	인(寅:호랑이)	묘(卯:토끼)	진(辰:용)	사(巳:뱀)

전통몽골문						
라틴전사	mori	qoni	bečin	takiy-a	noqai	γaqai
키릴몽골문	морь	хонь	бич	тахиа	нохой	гахай
한국어	오(午:말)	미(未:양)	신(申:원숭이)	유(酉:닭)	술(戌:개)	해(亥:돼지)

문법 설명

1. yamar: ямар, 어떤

ᠶᠠᠮᠠᠷ	– 성질과 정도를 나타내는 의문사.

ᠶᠠᠮᠠᠷ ᠥᠩᠭᠡᠲᠡᠢ ᠪᠤᠢ᠄		라틴전사	yamar öngge-tei bui? ulaɣan öngge-tei.
		키릴몽골문	Ямар өнгөтэй вэ? Улаан өнгөтэй.
		한국어	어떤 색인가요? 빨간색입니다.

2. čini: чинь, 너의/네

ᠴᠢᠨᠢ	– 2인칭 대명사.

ᠬᠡᠦ ᠴᠢᠨᠢ᠄		라틴전사	küü čini. suruɣči čini.
		키릴몽골문	Хүү чинь. Сурагч чинь.
		한국어	네 아이. 네 학생.

연습 문제 1: 본문 두 번 따라 쓰기

①	②	③	④	⑤	⑥	⑦	⑧	①	②	③	④	⑤	⑥	⑦	⑧

연습 문제 2: 새로운 단어 따라 쓰기

몽골 문화 더보기

몽골의 전통가옥인 게르 안에도 12방향마다 각각의 의미가 있다.

① 쥐(子) 방향: 게르의 정북향. 몽골인들은 쥐가 재물을 토해 낸다고 여기기 때문에 쥐 방향인 정북향에 부처 상재물 보관함이나 보석류를 놓는다.

② 소(丑) 방향: 소의 젖을 짜서 보관하는 방향. 여자아이의 지혜가 생기는 방향이라고 여기기 때문에 실, 바늘 등 바느질 도구를 놓는다. 게르에서 가장 시원한 방향이다.

③ 호랑이(寅) 방향: 게르의 주인이 앉는 방향. 호랑이의 힘과 용맹함을 상징하는 방향이다.

④ 토끼(卯) 방향: 온화한 성품의 여성을 상징하는 방향. 게르의 안주인이 앉는 자리이며, 침대를 놓는 자리이기도 하다. 침대의 아래에는 안주인의 전용 보관함이 놓인다. 혼수로 가져온 물건들과 귀중품 등을 보관하는 자리이다.

⑤ 용(辰) 방향: 비를 내리고 초목을 키우며, 대지의 영양이 차오르는 방향이라 여긴다. 이 때문에 게르의 솥과 국자, 그릇 등을 놓는 자리이다.

⑥ 뱀(巳) 방향: 뱀이 용을 돕는다고 여기기 때문에 물과 음료와 관련된 물건들을 뱀 방향에 놓는다.

⑦ 말(午) 방향: 게르의 정남향으로, 문이 위치하는 자리이다. 말을 잘 자라도록 보살피는 자리이며, 해가 게르로 비추는 자리이기 때문에 정남향을 등지고 앉지 않는다. 또한 말을 타고 정남향으로 게르를 향해 올 수 없으며, 말을 탄 사람은 서북쪽으로 돌아서 들어와야 한다.

⑧ 양(未) 방향: 게르의 복과 재물이 풍성해지는 방향으로 여기기 때문에 이 방향에서 게르의 토르가를 함부로 털지 않는다. 또한 가축과 관련된 도구를 이 방향에 보관하며, 수호신과 차강 어브겐(흰 노인) 등이 들어오는 자리라고 여긴다.

⑨ 원숭이(申) 방향: 몽골 샤머니즘에서는 원숭이 방향을 가축이 건강하게 번성하는 방향으로, 하늘의 보살핌이 있는 자리라고 여긴다.

⑩ 닭(酉) 방향: 정서향. 손님이 게르에 왔을 때 앉는 방향이다. 하늘이 손님을 보호하는 자리라고 여긴다.

⑪ 개(戌) 방향: 몽골인들은 개가 재물을 지켜 준다고 생각하기에 활과 화살, 총, 사냥 무기 등을 이 방향에 보관한다. 개를 묶어 두는 방향이기도 하다.

⑫ 돼지(亥) 방향: 돼지가 대지의 힘을 모은다고 여기기에 돈궤와 그릇 등을 돼지 방향에 보관한다.

32과 영어 알아요?

본문

① ᠣ ᠲᠠᠨ ᠠᠩᠭᠯᠢ ᠬᠡᠯᠡ ᠮᠡᠳᠡᠨᠡ ᠦ ?

② ᠦᠭᠡᠢ ᠪᠢ ᠮᠡᠳᠡᠬᠦ ᠦᠭᠡᠢ ᠃ ᠃

③ ᠣ ᠴᠢ ᠠᠩᠭᠯᠢ ᠬᠡᠯᠡ ᠮᠡᠳᠡᠨᠡ ᠦ ?

④ ᠲᠡᠢᠮᠡ ᠃ ᠃ ᠪᠢ ᠮᠡᠳᠡᠨᠡ ᠃ ᠃

⑤ ᠣ ᠲᠠ ᠠᠩᠭᠯᠢ ᠬᠡᠯᠡ ᠮᠡᠳᠡᠨᠡ ᠦ ?

⑥ ᠦᠭᠡᠢ ᠪᠢ ᠮᠡᠳᠡᠬᠦ ᠦᠭᠡᠢ ᠃ ᠃

⑦ ᠣ ᠲᠡᠷᠡ ᠠᠩᠭᠯᠢ ᠬᠡᠯᠡ ᠮᠡᠳᠡᠨᠡ ᠦ ?

⑧ ᠮᠡᠳᠡᠨᠡ ᠃ ᠃ ᠪᠢ ᠮᠡᠳᠡᠨᠡ ᠃ ᠃

본문 써보기

키릴몽골문		
①		
②		
③		
④		
⑤		
⑥		
⑦		
⑧		

한국어		
①		
②		
③		
④		
⑤		
⑥		
⑦		
⑧		

본문 해제

①	라틴전사	ta anggli kele mededeg üü?
	키릴몽골문	Та англи хэл мэддэг үү?
	한국어	당신 영어 압니까?
②	라틴전사	baγ-a saγ-a mededeg.
	키릴몽골문	Бага сага мэддэг.
	한국어	조금 압니다.
③	라틴전사	ta kitad kele mededeg üü?
	키릴몽골문	Та хятад хэл мэддэг үү?
	한국어	당신 중국어 압니까?
④	라틴전사	meden-e. urusum-a yaridaγ.
	키릴몽골문	Мэднэ. урсамгай ярьдаг.
	한국어	압니다. 잘(유창하게, 유려하게) 말합니다.
⑤	라틴전사	ta orus kele mededeg üü?
	키릴몽골문	Та орос хэл мэддэг үү?
	한국어	당신 러시아어 압니까?
⑥	라틴전사	baγ-a saγ-a yaridaγ.
	키릴몽골문	Бага сага ярьдаг.
	한국어	조금 말합니다. (말할 수 있습니다.)
⑦	라틴전사	ta gèrman kele mededeg üü?
	키릴몽골문	Та герман хэл мэддэг үү?
	한국어	당신 독일어 압니까?
⑧	라틴전사	teyimü e, sayin meden-e.
	키릴몽골문	Тийм ээ, сайн мэднэ.
	한국어	네, 잘 압니다.

새로운 단어

본문의 새로운 단어

전통몽골문					
라틴전사	baγ-a saγ-a	orus kele	gèrman kele	anggli kele	kitad kele
키릴몽골문	Бага сага	орос хэл	герман хэл	англи хэл	хятад хэл
한국어	조금	러시아어	독일어	영어	중국어

연습 문제 1: 본문 두 번 따라 쓰기

연습 문제 2: 새로운 단어 따라 쓰기

몽골 문화 더보기

몽골에서 한류가 일상화된 지는 이미 오래이다. 지방의 작은 가게를 가도 김치와 초코파이 등 한국 식료품을 쉽게 찾을 수 있고, 울란바타르에서는 한국어 간판과 한국 편의점, 마트를 쉽게 볼 수 있다. 한국어가 제2외국어로 꾸준한 인기를 끌고 있고 한국에서 일하고 돌아간 몽골인들도 많기에 한국인을 친근하게 느낀다. 이 때문에 몽골에서 한국어로 함부로 몽골에 대한 험담을 해서는 안 된다.

33과 어디가 아픈가요?

본문

① ② ③ ④ ⑤ ⑥ ⑦ ⑧

본문 써보기

키릴몽골문		한국어	
①		①	
②		②	
③		③	
④		④	
⑤		⑤	
⑥		⑥	
⑦		⑦	
⑧		⑧	

본문 해제

①	라틴전사	ta qamiɣ-a ebedčü bayin-a bui?
	키릴몽골문	Та хаана өвдөж байна вэ?
	한국어	당신 어디가 아픈가요?
②	라틴전사	minu gedesü ebedčü bayin-a.
	키릴몽골문	Миний гэдэс өвдөж байна.
	한국어	(내) 배가 아픕니다.
③	라틴전사	ta qamiɣ-a ebedčü bayin-a bui?
	키릴몽골문	Та хаана өвдөж байна вэ?
	한국어	당신 어디가 아픈가요?
④	라틴전사	minu bey-e ebgüyikeǰü bayin-a.
	키릴몽골문	Миний бие эвгүйрхэж байна.
	한국어	(내) 몸이 좋지 않습니다.
⑤	라틴전사	ta qamiɣ-a ebedčü bayin-a bui?
	키릴몽골문	Та хаана өвдөж байна вэ?
	한국어	당신 어디가 아픈가요?
⑥	라틴전사	minu sidü ebedčü bayin-a.
	키릴몽골문	Миний шүд өвдөж байна.
	한국어	(내) 치아가 아픕니다.
⑦	라틴전사	ta qamiɣ-a ebedčü bayin-a bui?
	키릴몽골문	Та хаана өвдөж байна вэ?
	한국어	당신 어디가 아픈가요?
⑧	라틴전사	bi qaniyadu küreǰü bayin-a.
	키릴몽골문	Би ханиад хүрэж байна.
	한국어	나는 기침감기에 걸렸습니다.

새로운 단어

본문의 새로운 단어

전통몽골문				
라틴전사	gedesü	ebgüyirkekü	sidü	qaniyalɣaqu
키릴몽골문	гэдэс	эвгүйрхэх	шүд	ханиалгах
한국어	장	컨디션이 안 좋다	치아	기침하다

보충 단어 1: 병명 및 증상

전통몽골문					
라틴전사	qalaɣuraqu	qoduɣudun ebedkü	noyirgüyidel	saɣulɣaqu	buyila qabudqu
키릴몽골문	халуурах	ходоодны өвдөх	нойргүйдэл	суулга	буйл хавдах
한국어	열나다	위통(위경련)	불면증	설사하다	잇몸이 붓다

보충 단어 2: 신체 내장 기관 명칭

전통몽골문					
라틴전사	ǰirüke	aɣuski	qoduɣudu	elige	narin gedesü
키릴몽골문	зүрх	уушиг	ходоод	элэг	нарийн гэдэс
한국어	심장	폐	위	간	소장

전통몽골문				
라틴전사	büdügün gedesü	böger-e	tariki	sudasu
키릴몽골문	бүдүүн гэдэс	бөөр	тархи	судас
한국어	대장	신장	뇌	혈관

연습 문제 1: 본문 두 번 따라 쓰기

①	②	③	④	⑤	⑥	⑦	⑧	①	②	③	④	⑤	⑥	⑦	⑧

연습 문제 2: 새로운 단어 따라 쓰기

몽골 문화 더보기

몽골의 병원은 크게 러시아와 서양에서 기반한 현대의학병원과 몽골 전통의학병원으로 나뉜다. 1930년대부터 1980년대 후반까지 몽골 사회는 사회주의였기에 의학 역시 러시아 의학의 영향을 많이 받았다. 1990년대 이후 몽골에서는 17세기~20세기 초까지 흥성했던 불교의학의 주해서를 다시 발굴하고, 몽골전통약재를 이용한 의약품 개발에 힘쓰고 있다.

34과 어디에 있나요?

⑧	⑦	⑥	⑤	④	③	②	①
ᠣᠶᠢᠷ᠎ᠠ ᠬᠠᠪᠢᠳᠠᠯ ᠤ ᠪᠠᠢᠨ᠎ᠠ᠃	ᠣᠶᠤᠨ ᠤ ᠨᠣᠮ ᠬᠠᠮᠢᠭ᠎ᠠ ᠪᠠᠢᠨ᠎ᠠ?	ᠲᠡᠷᠡ ᠬᠡᠨ ᠤ ᠨᠣᠮ ᠪᠠᠢᠨ᠎ᠠ᠃	ᠣᠶᠤᠨ ᠤ ᠨᠣᠮ ᠬᠠᠮᠢᠭ᠎ᠠ ᠪᠠᠢᠨ᠎ᠠ᠃	ᠲᠡᠷᠡ ᠬᠡᠨ ᠤ ᠨᠣᠮ ᠤ ᠪᠠᠢᠨ᠎ᠠ᠃	ᠣᠶᠤᠨ ᠤ ᠨᠣᠮ ᠪᠠᠢᠨ᠎ᠠ?	ᠲᠡᠷᠡ ᠬᠡᠨ ᠤ ᠨᠣᠮ ᠪᠠᠢᠨ᠎ᠠ᠃	ᠣᠶᠤᠨ ᠤ ᠬᠠᠪᠢᠳᠠᠯ ᠤ ᠪᠠᠢᠨ᠎ᠠ?

키릴몽골문	①	
	②	
	③	
	④	
	⑤	
	⑥	
	⑦	
	⑧	
한국어	①	
	②	
	③	
	④	
	⑤	
	⑥	
	⑦	
	⑧	

본문 해제

①	라틴전사	tan-u surɣayuli qamiɣ-a bayin-a?
	키릴몽골문	Таны сургууль хаана байна?
	한국어	당신의 학교는 어디에 있나요?
②	라틴전사	qota-yin töb-tü bayin-a.
	키릴몽골문	Хотын төвд байна.
	한국어	도시의 중심에 있습니다.
③	라틴전사	tan-u ger qamiɣ-a bayin-a?
	키릴몽골문	Таны гэр хаана байна?
	한국어	당신의 집은 어디에 있나요?
④	라틴전사	qota-yin ǰegün toɣuriɣ-tu bayin-a.
	키릴몽골문	Хотын зүүн тойрогт байна.
	한국어	도시의 동쪽 지역에 있습니다.
⑤	라틴전사	tan-u masin terge qamiɣ-a bayin-a?
	키릴몽골문	Таны машин тэрэг хаана байна?
	한국어	당신의 자동차는 어디에 있습니까?
⑥	라틴전사	ger-ün emün-e bayin-a.
	키릴몽골문	Гэрийн өмнө байна.
	한국어	집 앞에 있습니다.
⑦	라틴전사	tan-u čüngkü qamiɣ-a bayin-a?
	키릴몽골문	Таны цүнх хаана байна?
	한국어	당신의 가방은 어디에 있습니까?
⑧	라틴전사	bičig-ün örügen-dü bayin-a.
	키릴몽골문	Бичгийн өрөөнд байна.
	한국어	서재에 있습니다.

새로운 단어

본문의 새로운 단어

전통몽골문						
라틴전사	bičig-ün örüge	ǰaq-a	ɣadan-a	dotun-a	ɣadar	dotur-a
키릴몽골문	бичгийн өрөө	зах	гадна	дотно	гадар	дотор
한국어	서재	가장자리	밖	안	겉	속

연습 문제 1: 본문 두 번 따라 쓰기

연습 문제 2: 새로운 단어 따라 쓰기

몽골 문화 더보기

몽골의 겨울은 길고 혹한이 이어지기에 실외에 자동차를 주차했다가 얼어서 운행할 수 없거나 고장이 나기 쉽다. 이 때문에 실내 주차장이 필수인데, 울란바타르의 자동차 수가 늘어나면서 주차난도 증가하고 있다. 출퇴근 시간의 울란바타르 시내 교통체증 또한 심각해서 몽골 정부에서는 해결 방안을 수년째 모색 중이다.

35과 동쪽으로는 박물관이 있다

본문

① ᠬᠠᠭᠠᠨ ᠤ ᠣᠷᠳᠣᠨ ᠤ ᠡᠮᠦᠨ᠎ᠡ ᠲᠠᠯ᠎ᠠ ᠳᠤ ᠨᠣᠮ ᠤᠨ ᠰᠠᠩ ᠪᠤᠢ᠃

② ᠨᠣᠮ ᠤᠨ ᠰᠠᠩ ᠤᠨ ᠬᠣᠢᠲᠤ ᠲᠠᠯ᠎ᠠ ᠳᠤ ᠰᠤᠷᠭᠠᠭᠤᠯᠢ ᠪᠤᠢ᠃

③ ᠵᠡᠭᠦᠨ ᠲᠠᠯ᠎ᠠ ᠳᠤ ᠮᠦᠽᠧᠢ ᠪᠤᠢ᠃

④ ᠮᠦᠽᠧᠢ ᠶᠢᠨ ᠪᠠᠷᠠᠭᠤᠨ ᠲᠠᠯ᠎ᠠ ᠳᠤ ᠳᠡᠯᠭᠡᠭᠦᠷ ᠪᠤᠢ᠃

⑤ ᠳᠡᠯᠭᠡᠭᠦᠷ ᠦᠨ ᠡᠮᠦᠨ᠎ᠡ ᠲᠠᠯ᠎ᠠ ᠳᠤ ᠡᠮᠨᠡᠯᠭᠡ ᠪᠤᠢ᠃

⑥ ᠡᠮᠨᠡᠯᠭᠡ ᠶᠢᠨ ᠵᠡᠭᠦᠨ ᠲᠠᠯ᠎ᠠ ᠳᠤ ᠴᠡᠴᠡᠷᠯᠢᠭ ᠪᠤᠢ᠃

⑦ ᠴᠡᠴᠡᠷᠯᠢᠭ ᠦᠨ ᠪᠠᠷᠠᠭᠤᠨ ᠲᠠᠯ᠎ᠠ ᠳᠤ ᠵᠣᠭᠣᠭ ᠤᠨ ᠭᠠᠵᠠᠷ ᠪᠤᠢ᠃

⑧ ᠵᠣᠭᠣᠭ ᠤᠨ ᠭᠠᠵᠠᠷ ᠤᠨ ᠬᠣᠢᠲᠤ ᠲᠠᠯ᠎ᠠ ᠳᠤ ᠪᠠᠩᠬᠢ ᠪᠤᠢ᠃

본문 써보기

키릴몽골문		
	①	
	②	
	③	
	④	
	⑤	
	⑥	
	⑦	
	⑧	

한국어		
	①	
	②	
	③	
	④	
	⑤	
	⑥	
	⑦	
	⑧	

본문 해제

①	**라틴전사**	man-u surɣaɣuli qota-yin töb-tü bayin-a.
	키릴몽골문	Манай сургууль хотын төвд байна.
	한국어	우리 학교는 도시의 중심에 있다.
②	**라틴전사**	surɣaɣuli-yin baraɣun tal-a-bar nariqan ɣool urusun-a.
	키릴몽골문	Сургуулийн баруун талаар нарийхан гол урсана.
	한국어	학교의 서쪽으로는 가느다란 강이 흐른다.
③	**라틴전사**	ǰegün tal-a-du müzėi bayin-a.
	키릴몽골문	Зүүн талд музей байна.
	한국어	동쪽으로는 박물관이 있다.
④	**라틴전사**	surɣaɣuli-yin emün-e tal-a-du talabai bayin-a.
	키릴몽골문	Сургуулийн өмнө талд талбай байна.
	한국어	학교의 남쪽에는 광장이 있다.
⑤	**라틴전사**	tungɣalaɣ sayiqan edür tende olan kümün ǰuɣaladaɣ.
	키릴몽골문	Тунгалаг сайхан өдөр тэнд олон хүн зугаалдаг.
	한국어	맑고 좋은 날에는 그곳에서 많은 사람들이 산책을 한다.
⑥	**라틴전사**	segül-ün üy-e-dü surɣaɣuli-yin orčim nige sin-e nom-un sang bariɣdaǰai.
	키릴몽골문	Сүүлийн үед сургуулийн орчим нэг шинэ номын сан баригдсан.
	한국어	최근에 학교 근처에 새로운 도서관이 지어졌다.
⑦	**라틴전사**	nom-un sang-du nom bičig ba maťėrial qadaɣalaǰu bayin-a.
	키릴몽골문	Номын санд ном бичиг ба материал хадгалж байна.
	한국어	도서관에는 책과 자료들이 보관되어 있다.
⑧	**라틴전사**	oyutan čilügetei nom-un sang-du nom ungsiǰu surulčaǰu bayin-a.
	키릴몽골문	Оюутан чөлөөтэй номын санд ном уншиж суралцаж байна.
	한국어	학생들은 자유롭게 도서관에서 책을 읽고, 공부를 한다.

새로운 단어

본문의 새로운 단어

전통몽골문	(script)	(script)	(script)	(script)	(script)	(script)
라틴전사	surγaγuli	töb	baraγun tal-a	ǰegün tal-a	emün-e tal-a	γool
키릴몽골문	сургууль	төв	баруун тал	зүүн тал	өмнө тал	гол
한국어	학교	중심	서쪽	동쪽	남쪽	강

전통몽골문	(script)	(script)	(script)	(script)	(script)	(script)
라틴전사	nariqan	čaγan	urusaqu	talabai	ǰuγalaqu	dumda
키릴몽골문	нарийхан	цагаан	урсах	талбай	зугаалах	дунд
한국어	가느다란	흰, 하얀	흐르다	광장	산책하다	중간에

보충 단어: 4방향

전통몽골문	(script)	(script)	(script)	(script)
라틴전사	ǰegünte	baraγunta	emünede	qoyiduda
키릴몽골문	зүүнтээ	баруунтаа	өмнөдөө	хойддоо
한국어	동쪽에	서쪽에	남쪽에	북쪽에

문법 설명

1. nariqan: нарийхан, 가느다란

  ᠌	– 〈 〉(narin)에 형용사 어미인 지소사(指小辭) 〈 / 〉(-qan/-ken: -хан⁴) 이 결합된 형태.

	라틴전사	nariqan üjüg. jijigken qaranda.
	키릴몽골문	Нарийхан үзэг. Жижигхэн харандаа.
	한국어	가느다란 볼펜. 자그마한 연필.

①	②	③	④	⑤	⑥	⑦	⑧	①	②	③	④	⑤	⑥	⑦	⑧

연습 문제 2: 새로운 단어 따라 쓰기

몽골 문화 더보기

몽골 울란바타르의 중심지는 수흐바타르 광장이다. 수흐바타르는 1921년 소련의 지원을 받아 몽골을 청으로부터 해방시키는 데 일조한 인물로, 수흐바타르 광장 가운데에는 독립 영웅인 그의 기마상이 자리한다. 광장 북쪽에는 국회의사당이 위치하는데, 국회 건물 앞 중앙에는 어거데이칸, 칭기스칸, 쿠빌라이칸 동상이 있다. 현재 수흐바타르 광장은 울란바타르를 대표하는 랜드마크로서 각종 국가행사와 문화행사, 웨딩 사진 촬영지, 정치적 시위, 데이트코스로 몽골인들이 즐겨 찾는 장소이다.

36과 책상 위에는 신문이 있다

본문

① ᠲᠡᠷᠡ ᠨᠢ ᠶᠠᠭᠤ ᠪᠤᠢ ᠲᠠᠩᠬᠢᠮ ᠪᠤᠢ᠄

② ᠡᠳᠡᠭᠡᠷ ᠬᠦᠮᠦᠨ ᠪᠤᠢ ᠂ ᠲᠡᠳᠡᠭᠡᠷ ᠨᠣᠮ ᠪᠤᠢ᠄

③ ᠡᠭᠦᠨ ᠤ ᠲᠤᠬᠠᠢ ᠪᠢ ᠮᠡᠳᠡᠨ᠎ᠡ᠂ ᠲᠡᠭᠦᠨ ᠤ ᠲᠤᠬᠠᠢ ᠪᠢ ᠮᠡᠳᠡᠬᠦ ᠦᠭᠡᠢ᠄

④ ᠮᠠᠨ ᠤ ᠠᠩᠬᠢ ᠳᠤ ᠬᠦᠮᠦᠨ ᠣᠯᠠᠨ ᠪᠤᠢ᠄

⑤ ᠰᠢᠷᠡᠭᠡᠨ ᠳᠡᠭᠡᠷ᠎ᠡ ᠰᠣᠨᠢᠨ ᠪᠤᠢ᠄

⑥ ᠲᠡᠷᠡ ᠨᠢ ᠶᠠᠭᠤ ᠪᠤᠢ ᠨᠣᠮ ᠪᠤᠢ᠄

⑦ ᠲᠡᠷᠡ ᠳᠡᠯᠭᠡᠭᠦᠷ ᠳᠤ ᠶᠠᠭᠤ ᠪᠤᠢ

ᠨᠣᠮ ᠪᠤᠢ᠄

⑧ ᠮᠢᠨᠤ ᠨᠠᠢᠵᠠ ᠨᠠᠷ ᠮᠠᠰᠢ ᠣᠯᠠᠨ ᠪᠤᠢ᠄

본문 써보기

키릴몽골문	①
	②
	③
	④
	⑤
	⑥
	⑦
	⑧
한국어	①
	②
	③
	④
	⑤
	⑥
	⑦
	⑧

본문 해제

①	라틴전사	baɣatur-un nom-un örüge masi ǰ̌iǰ̌ig.
	키릴몽골문	Баатарын номын өрөө маш жижиг.
	한국어	바타르의 서재는 매우 작다.
②	라틴전사	ǰegün qan-a-ban daɣan nom-un talbiɣur bosqaǰ̌ai.
	키릴몽골문	Зүүн ханаа даган номын тавиур босгожээ.
	한국어	동쪽 벽을 따라서는 책장이 세워져 있다.
③	라틴전사	nom-un talbiɣur-tu mongɣol · solungɣus nom-ud qaraɣdan-a.
	키릴몽골문	Номын тавиурт Монгол · Солонгос номууд харагдна.
	한국어	책장에 몽골, 한국 책들이 보인다.
④	라틴전사	čongqun-u qaǰ̌aɣu-du bičiqan sirege-tei.
	키릴몽골문	Цонхны хажууд бяцхан ширээтэй.
	한국어	창문 옆에는 작은 책상이 있다.
⑤	라틴전사	siregen deger-e sonin bayin-a.
	키릴몽골문	Ширээн дээр сонин байна.
	한국어	책상 위에는 신문이 있다.
⑥	라틴전사	baɣatur-un nom-un örüge ǰ̌iǰ̌ig bolbaču tayibung.
	키릴몽골문	Баатарын номын өрөө жижиг боловч тайван.
	한국어	바타르의 서재는 작지만 편안하다.
⑦	라틴전사	baɣatur ürgülǰ̌i tere nom-un örügen-dü nom üǰedeg.
	키릴몽골문	Баатар үргэлж тэр номын өрөөнд ном үздэг.
	한국어	바타르는 항상 그 서재에서 책을 읽는다.
⑧	라틴전사	baɣatur solungɣus kele surqu duratai.
	키릴몽골문	Баатар Солонгос хэл сурах дуртай.
	한국어	바타르는 한국어 공부를 좋아한다.

새로운 단어

본문의 새로운 단어

전통몽골문							
라틴전사	masi	ǰiǰig	qayaɣ-a	bosqaqu	qaraɣulqu	čongqu	aɣudam
키릴몽골문	маш	жижиг	хана	босгох	харуулах	цонх	уудам
한국어	매우	작은4	벽	세우다	보이다	창문	넓은

전통몽골문							
라틴전사	talbiɣur	egüde	saraɣul	qaǰaɣuda	bičiqan	deger-e	sonin
키릴몽골문	тавиур	үүд	саруул	хажууд	бяцхан	дээр	сонин
한국어	책장, 선반	문	밝은	주변	작은5	위에	신문

전통몽골문						
라틴전사	bolbaču	tayibung	oru	čeber	tegsi	kerem
키릴몽골문	боловч	тайван	ор	цэвэр	тэгш	хэрэм
한국어	~지만	편안한	침대	깨끗한	곧은	성벽

---

4 жижиг은 '크기가 작고, 적은 양의, 큰 것이 아님'이라는 사실적인 크기에 중점을 둔다. (출처: 『Монгол хэлний тайлбар толь』(МУИС хэл зохиолын тэнхим), https://mongoltoli.mn/)

5 бяцхан은 '작고, 사랑스럽고, 귀여운'이라는 감정적이고 정서적인 의미가 포함된다. (출처: 상동)

문법 설명

1. masi: маш, 아주/많이

ᠮᠠᠰᠢ	– 강조 형용사 중 하나.	
ᠮᠠᠰᠢ ᠶᠡᠬᠡ᠁ ᠮᠠᠰᠢ ᠪᠠᠶᠠ᠁	**라틴전사**	masi yeke. masi baγ-a.
	키릴몽골문	Маш их. Маш бага.
	한국어	아주 많이. 아주 작은

2. daγan: даган, ~따라(서)/~모방하여

ᠳᠠᠶᠠᠨ	– ⟨ᠳᠠᠶᠠ⟩(daγa-) 뒤에 대등연결어미 중 연결어미 ⟨ᠨ⟩(-n: -н)로 구성.	
ᠭᠣᠣᠯ ᠤᠨ ᠳᠠᠯᠠᠩ ᠳᠠᠶᠠᠨ ᠶᠠᠪᠤᠬᠤ᠁ ᠬᠠᠨᠠ ᠪᠠᠨ ᠳᠠᠶᠠᠨ ᠴᠡᠴᠡᠭ ᠲᠠᠷᠢᠵᠠᠢ᠁	**라틴전사**	γool-un dalang daγan yabuqu. qan-a-ban daγan čečeg tariǰai.
	키릴몽골문	Голын Далан даган явах. Ханаа даган цэцэг тарижээ.
	한국어	강둑을 따라 걷다. 벽을 따라 꽃을 심었다.

3. nom-ud: номнууд, 책들

（몽골문자）	- 〈몽골문자〉는 복수형 어미. - 〈몽골문자〉(-n) 이외의 자음으로 끝나는 단어 뒤에 결합되는 복수형 어미이다. - 사람과 사물의 명사 뒤쪽에 쓰여서 표시한다. - 앞 단어와 띄어서 쓰는 것이 특징이다. - 발음할 때는 두 가지(-ud/-üd)이지만, 전통몽골어에서는 한 가지 형태 〈몽골문자〉로 쓴다.

	라틴전사	ayil-ud. bičig-üd.
（몽골문자）	키릴몽골문	Айлууд. Бичигүүд.
	한국어	마을들. 글들.

4. bolbaču: боловч, ~지만/~도 불구하고.

（몽골문자）	- 접속사.

	라틴전사	mongɣol kele masi kečegüü bolbaču sonirqaltai. edür küiten bolbaču bide ɣadan-a naɣadba.
（몽골문자）	키릴몽골문	Монгол хэл маш хэцүү боловч сонирхолтой. Өдөр хүйтэн боловч бид гадна наадав.
	한국어	몽골어는 많이 어렵지만 재미있다. 날이 춥지만 우리는 밖에서 놀았다.

연습 문제 1: 본문 두 번 따라 쓰기

①	②	③	④	⑤	⑥	⑦	⑧	①	②	③	④	⑤	⑥	⑦	⑧

연습 문제 2: 새로운 단어 따라 쓰기

몽골 문화 더보기

몽골에서는 점심 식사(үдийн хоол), 저녁 식사(оройн хоол)와 다르게 아침 식사를 'өглөөний цай', 아침 차 마시기라고 이른다. 아침에는 따뜻한 차와 함께 간단한 빵을 곁들인 정도로 먹기에 хоол이 아닌 цай라고 표현한다. 몽골 사람들은 저녁 식사를 더 중요하게 여긴다.

37과 의자 아래에 있어요

본문

① ᠰᠠᠢᠬᠠᠨ ᠰᠠᠢᠨ ᠤᠤ？

② ᠰᠠᠢᠨ ᠰᠠᠢᠨ ᠪᠠᠢᠨ᠎ᠠ᠃

③ ᠬᠡᠦᠬᠡᠳ ᠰᠠᠢᠨ ᠤᠤ？

④ ᠰᠠᠢᠬᠠᠨ ᠰᠠᠢᠨ ᠪᠠᠢᠨ᠎ᠠ᠃

⑤ ᠬᠡᠦᠬᠡᠳ ᠰᠠᠢᠨ ᠤᠤ？

⑥ ᠰᠠᠢᠬᠠᠨ ᠰᠠᠢᠨ ᠪᠠᠢᠨ᠎ᠠ᠃

⑦ ᠰᠠᠢᠨ ᠰᠠᠢᠨ ᠤᠤ？

⑧ ᠪᠠᠢᠭᠠᠯᠢ ᠶᠢᠨ ᠰᠠᠢᠬᠠᠨ ᠪᠠᠢᠨ᠎ᠠ᠃

본문 써보기

키릴몽골문	①	
	②	
	③	
	④	
	⑤	
	⑥	
	⑦	
	⑧	
한국어	①	
	②	
	③	
	④	
	⑤	
	⑥	
	⑦	
	⑧	

본문 해제

①	라틴전사	sedkül qamiɣ-a bayin-a?
	키릴몽골문	Сэтгүүл хаана байна?
	한국어	잡지는 어디에 있나요?
②	라틴전사	siregen deger-e bayin-a.
	키릴몽골문	Ширээн дээр байна.
	한국어	탁자 위에 있어요.
③	라틴전사	boɣču qamiɣ-a bayin-a?
	키릴몽골문	Богц хаана байна?
	한국어	배낭은 어디에 있나요?
④	라틴전사	qoɣun dotur-a bayin-a.
	키릴몽골문	Хорго дотор байна.
	한국어	진열장 안에 있어요.
⑤	라틴전사	bömbüge qamiɣ-a bayin-a?
	키릴몽골문	Бөмбөг хаана байна?
	한국어	공은 어디에 있나요?
⑥	라틴전사	sandali door-a bayin-a.
	키릴몽골문	Сандал доор байна.
	한국어	의자 아래에 있어요.
⑦	라틴전사	sirege qamiɣ-a bayin-a?
	키릴몽골문	Ширээ хаана байна?
	한국어	탁자는 어디에 있나요?
⑧	라틴전사	čongqun-u qaǰaɣu-du bayin-a.
	키릴몽골문	Цонхны хажууд байна.
	한국어	창문 옆에 있어요.

새로운 단어

본문의 새로운 단어

전통몽골문		
라틴전사	door-a	dotur-a
키릴몽골문	доор	дотор
한국어	아래에	안에

연습 문제 1: 본문 두 번 따라 쓰기

연습 문제 2: 새로운 단어 따라 쓰기

몽골 문화 더보기

몽골을 대표하는 전통악기로 머링 호르(морин хуур, 馬頭琴)를 꼽을 수 있다. 머링 호르는 두 줄의 현과 공명통을 가진 몽골의 전통 현악기로, 공명통은 나무로, 현과 활은 말의 꼬리털로 제작한다. 머링 호르는 일반적으로 노래와 함께 연주되지만, 독주뿐만 아니라 몽골 전통 민요와 합주하기도 한다. 다양한 종류의 머링 호르가 몽골 전역에 분포되어 있으며, 중국의 내몽골자치구 지역에서도 광범위하게 연주된다. 머링 호르의 기원은 정확히 알 수 없으나, 《몽골비사》에 머링 호르 명연주가에 대한 기록이 남아 있다. 한편 몽골인들의 전통 가옥에는 머링 호르를 장식용으로 보관하기도 하는데, 몽골인들은 머링 호르를 연주하면 집 안에 나쁜 기운이 물러간다는 신앙을 가지고 있다.

38과 으름(θpeм) 주세요

본문

① ᠰᠠᠶᠢᠨ ᠪᠠᠶᠢᠨᠠ ᠤᠤ ᠵᠦᠭᠡᠯᠡᠨ ᠪᠠᠶᠢᠨᠠ ᠤᠤ ?

② ᠰᠠᠶᠢᠨ :: ᠲᠠᠨᠠᠢ ᠪᠣ :: ᠶᠠᠭᠠᠬᠢᠭᠠᠳ ᠶᠠᠭᠤ ᠠᠪᠬᠤ ᠪᠣ ?

③ ᠰᠠᠶᠢᠨ ᠪᠠᠶᠢᠨᠠ ᠤᠤ :: ᠲᠠ ᠶᠤ ᠪᠠᠶᠢᠭ᠎ᠠ ᠪᠣᠢ ᠪᠣᠳᠤᠭ ᠢᠶᠠᠨ ᠠᠪᠬᠤ ᠭᠡᠵᠦ ᠪᠠᠶᠢᠨ᠎ᠠ ᠤᠤ ::

④ ᠰᠠᠶᠢᠨ :: ᠲᠠᠨᠠᠢ ᠠᠪᠬᠤ ᠪᠣᠳᠤᠭ ᠢᠶᠠᠨ ᠶᠠᠭᠤᠨ ᠪᠠᠶᠢᠨᠠ ::

⑤ ᠰᠠᠶᠢᠨ ᠪᠠᠶᠢᠨᠠ ᠤᠤ :: ᠲᠠᠨᠠᠢ ᠬᠡᠷᠡᠭ ᠰᠠᠶᠢᠨ ᠪᠠᠶᠢᠨ᠎ᠠ ᠤᠤ ?

⑥ ᠰᠠᠶᠢᠨ :: ᠶᠠᠭᠠᠬᠢᠭᠠᠳ ᠪᠣᠳᠤᠭ ᠢᠶᠠᠨ ᠠᠪ ::

⑦ ᠰᠠᠶᠢᠨ ᠪᠠᠶᠢᠨᠠ ᠤᠤ :: ᠲᠠ ᠶᠤ ᠪᠣᠳᠤᠭ ᠬᠡᠷᠡᠭ ᠪᠠᠶᠢᠨ᠎ᠠ ::

⑧ ᠰᠠᠶᠢᠨ :: ᠪᠣᠳᠤᠭ ᠬᠡᠷᠡᠭ ᠪᠣ ᠶᠠᠭᠤ ᠪᠠᠶᠢᠭ᠎ᠠ ᠪᠣᠳᠤᠭ ᠢᠶᠠᠨ ᠠᠪᠬᠤ ᠪᠣᠢ ::

본문 써보기

키릴몽골문	한국어
①	①
②	②
③	③
④	④
⑤	⑤
⑥	⑥
⑦	⑦
⑧	⑧

①	라틴전사	üilečilegči: sayin uu? yamar qoγula idekü bui?
	키릴몽골문	Үйлчлэгч: Сайн уу? Ямар хоол идэх вэ?
	한국어	종업원: 안녕하세요? 어떤 음식을 드실래요?
②	라틴전사	čoγtu: sütei čai. örüm-e-tei qoγula.
	키릴몽골문	Цогт: Сүүтэй цай. Өрөмтэй хоол.
	한국어	척트: 수태차요. 으름(Өрөм)이 들어가 있는 음식(도 주세요).
③	라틴전사	üilečilegči: man-u üker-ün miqan buuǰa masi amtatai bayidaγ.
	키릴몽골문	Үйлчлэгч: Манай үхэрийн махан бууз маш амттай байдаг.
	한국어	종업원: 우리 소고기 보즈(бууз)가 아주 맛있습니다.
④	라틴전사	čoγtu: buuǰa idege ügei udaǰu bayin-a. buuǰa basa čuyibing abuy-a.
	키릴몽골문	Цогт: Бууз идээгүй удаж байна. Бууз бас цуйван авья.
	한국어	척트: 보즈(бууз)를 먹지 않은 지 오래되었네요. 보즈(бууз)와 초이왕 살게요 (먹을게요).
⑤	라틴전사	üilečilegči: umdaγ-a abqu uu?
	키릴몽골문	Үйлчлэгч: Ундаа авах уу?
	한국어	종업원: 음료는 마시나요?
⑥	라틴전사	čoγtu: teyimü, ariki nige sil.
	키릴몽골문	Цогт: Тийм, архи нэг шил.
	한국어	척트: 네, 술 한 병 (주세요).
⑦	라틴전사	üilečilegči: man-u ariki ǰaruqu ügei.
	키릴몽골문	Үйлчлэгч: Манай архи зарахгүй.
	한국어	종업원: 우리는(우리 가게는) 술은 팔지 않습니다.
⑧	라틴전사	čoγtu: tegebel nada-du umdaγan öggügerei.
	키릴몽골문	Цогт: Тэгвэл надад ундаа өгөөрэй.
	한국어	척트: 그러면 음료수 주세요.

새로운 단어

본문의 새로운 단어

전통몽골문						
라틴전사	ariki	ayiraɣ	ilegüü	ǰakiyalaqu	örüm-e	amtatai
키릴몽골문	архи	айраг	илүү	захиалах	өрөм	амттай
한국어	술	마유주	더욱	주문하다	으름6	맛있다

전통몽골문							
라틴전사	elige	ǰöb	qaraɣači	küiten	qar-a ariki	ǰaruqu	teyisi
키릴몽골문	элэг	зөв	хараач	хүйтэн	хар архи	зарах	тийш
한국어	간(肝)	맞다	봐라	차가운	독주(毒酒)	팔다	~쪽으로

---

6 өрөм은 몽골의 전통 유제품 중 하나로, 생우유를 가열해서 그 위에 떠오른 유지방 크림 층을 걷어 내 굳혀 만든 음식이다. 식감은 크림치즈와 비슷하며, 맛은 매우 고소하고 진한 편이다. 전통적으로 몽골인들의 식단에서 중요한 유제품으로 자리 잡고 있으며, 주로 아침 식사 때 우유차에 넣어 마시거나 빵에 곁들여 먹는다.

문법 설명

1. qar-a ariki: хар архи, 깨끗하고 도수가 높은 술

(몽골문)	– 〈 (몽골문) 〉 이 안에 '검은색'의 의미는 없다. – 검은색은 술의 도수를 나타낸다. – 이 단어는 본래의 단어인 '白酒(báijiǔ)'에서의 '白'와 정반대의 의미를 나타낸다. (몽골문) – 이와 같은 맥락으로 몽골어에서 〈 (몽골문) 〉는 '깨끗한 물'을 나타낸다.

(몽골문)	라틴전사	minu abu qar-a ariki uuγuday. bi qar-a ariki uuγuγsan-u daraγ-a toluγai ebeddeg.
	키릴몽골문	Миний аав хар архи уудаг. Би хар архи уусны дараа толгой өвддөг.
	한국어	나의 아버지는 술을 마시곤 한다. 나는 술을 마신 후에 머리가 아프곤 하다.

2. teyisi: тийш, 저쪽으로

(몽골문)	– 위치의 후치사.

(몽골문)	라틴전사	tere teyisi qara. aγula teyisi yabuba.
	키릴몽골문	Тэр тийш хар. Уул тийш явав.
	한국어	그는 저쪽으로 본다. 산 쪽으로 갔다.

연습 문제 1: 본문 두 번 따라 쓰기

연습 문제 2: 새로운 단어 따라 쓰기

몽골 문화 더보기

유목민은 2,500년 이전부터 가죽 부대에 말 젖을 담아 발효시켰다고 전한다. 몽골어로 '아이락(айраг)', 튀르크어로 '쿠미스(kumis)'라 불리는 마유주(馬乳酒)이다. 세계의 술 대부분은 식물을 원료로 하는데, 마유주는 대초원에서 탄생해 전해져 온 유목 세계를 대표하는 술이라고 할 수 있다.

곡식과 과실이 부족한 초원에서 유목민들에게 술을 만들 수 있는 가장 친숙한 소재는 가축의 젖이었고, 그중 약 6%의 유당을 함유한 말 젖을 발효시켜 알코올 농도가 낮은 아이락을 만들었다. 말 젖에 함유된 유당은 원래 알코올 발효에 잘 쓰이지 않는 소재이지만, 몽골 초원 지대에서는 유산(乳酸)을 발효시키는 효모를 통해 아이락이 전통 음료로 자리 잡게 된다. 마유주는 몽골제국 시기부터 지금까지 여름철 유목민의 활력제로 음용되고 있다.

39과 호쇼르를 살 거예요

① ᠣᠨ ᠵᠢᠯ ᠬᠣᠰᠢᠭᠤᠷ ᠠᠪᠬᠤ ?

② ᠪᠢᠯᠨ ᠪᠣᠯᠠ ..

③ ᠣᠨ ᠵᠢᠯ ᠬᠣᠰᠢᠭᠤᠷ ᠠᠪᠬᠤ ?

④ ᠬᠣᠰᠢᠭᠤᠷ ᠠᠪᠬᠤ ᠪᠣᠯᠠ ..

⑤ ᠣᠨ ᠵᠢᠯ ᠬᠣᠰᠢᠭᠤᠷ ᠠᠪᠬᠤ ?

⑥ ᠬᠣᠰᠢᠭᠤᠷ ᠪᠣᠯᠠ ..

⑦ ᠣᠨ ᠵᠢᠯ ᠬᠣᠰᠢᠭᠤᠷ ᠠᠪᠬᠤ ?

⑧ ᠪᠣᠯᠠ ᠬᠣᠰᠢᠭᠤᠷ ᠪᠣᠯᠠ ..

키릴몽골문	
	①
	②
	③
	④
	⑤
	⑥
	⑦
	⑧

한국어	
	①
	②
	③
	④
	⑤
	⑥
	⑦
	⑧

본문 해제

①	라틴전사	ta yamar qoɣula ǰakiyalan-a?
	키릴몽골문	Та ямар хоол захиалана?
	한국어	당신은 어떤 음식을 주문할 건가요?
②	라틴전사	buuǰa abuy-a.
	키릴몽골문	Бууз авья.
	한국어	보즈 주세요.
③	라틴전사	ta yamar qoɣula ǰakiyalan-a?
	키릴몽골문	Та ямар хоол захиалана?
	한국어	당신은 어떤 음식을 주문할 건가요?
④	라틴전사	noɣuɣ-a-tai šölü abuy-a.
	키릴몽골문	Ногоотой шөл авья.
	한국어	야채국 주세요.
⑤	라틴전사	ta yamar qoɣula ǰakiyalan-a?
	키릴몽골문	Та ямар хоол захиалана?
	한국어	당신은 어떤 음식을 주문할 건가요?
⑥	라틴전사	quušuur abuy-a.
	키릴몽골문	Хуушуур авья.
	한국어	호쇼르를 살 거예요.
⑦	라틴전사	ta yamar qoɣula ǰakiyalan-a?
	키릴몽골문	Та ямар хоол захиалана?
	한국어	당신은 어떤 음식을 주문할 건가요?
⑧	라틴전사	bangsi-tai šölü abuy-a.
	키릴몽골문	Банштай шөл авья.
	한국어	만둣국을 살 거예요.

새로운 단어

본문의 새로운 단어

전통몽골문						
라틴전사	qoɣula	tömüsü	qaɣurɣ-a	piwo	sir-a ayiraɣ	saɣali-yin ariki
키릴몽골문	хоол	төмс	хуурга	пиво	шар айраг	саалийн архи
한국어	음식	감자	볶음	맥주		젖술

연습 문제 1: 본문 두 번 따라 쓰기

①	②	③	④	⑤	⑥	⑦	⑧		①	②	③	④	⑤	⑥	⑦	⑧

연습 문제 2: 새로운 단어 따라 쓰기

몽골 문화 더보기

몽골제국 초기 황실에는 마유주와 카라 쿠미스(Qara Kumis: 정제된 마유주), 포도주, 꿀술(boal), 쌀술(terracina)이 있었다. 각양각색의 술 가운데 궁중의 연회에 포도주와 말 젖(馬湩)이 애용되었다. 13세기 중엽 카라코룸의 뭉케칸의 궁정을 방문했던 서양의 수도사 윌리엄 루브룩(William of Rubruck, 1220?~1293?)이 저술한 《몽골 기행》에서도 쌀술인 '테라키나(terracina)'라는 단어가 등장하는 것으로 보아 당시에 초원 이남의 농업 지역에서 몽골 궁정으로 곡주가 전해진 것으로 보인다. 쿠빌라이칸이 통치하던 시기 곡주가 몽골의 황실과 상층 귀족 사이에서 크게 성행하였는데, 이를 통해 중원 지방으로 이주한 몽골인들에게도 곡주가 전파되었을 것으로 생각해 볼 수 있다.

40과 너무 비싸네요

본문

① ᠪᠢ ᠲᠠᠨ ᠤ ᠲᠡᠢᠢᠮᠦ ᠬᠡᠯᠡᠢᠢ᠃

② ᠬᠡᠳᠦᠢ ᠬᠠᠨ᠂ ᠲᠠ ᠵᠠᠬᠢᠶᠠᠯ ᠬᠡᠷᠡᠭᠯᠡ᠃

③ ᠡᠨᠡ ᠤ ᠬᠠᠨ᠂ ᠮᠢᠨᠦ ᠪᠡᠶᠡ ᠳᠦ ᠵᠠᠬᠢᠶᠠᠯ ᠬᠡᠷᠡᠭᠯᠡᠢ᠃

④ ᠲᠠᠷᠠᠭ᠎ᠠ ᠤ ᠵᠠ ᠬᠡᠷᠡᠭᠯᠡ᠃᠃ ᠮᠢᠨᠦ ᠬᠡᠷᠡᠭ ᠬᠠᠨ ᠨᠢ ᠶᠠᠭᠠᠬᠢᠪᠠ?

⑤ ᠪᠠᠢᠢᠭᠠᠯ ᠬᠡᠷᠡᠭᠯᠡᠢᠢᠨ᠃

⑥ ᠬᠡᠷᠡᠭᠯᠡ ᠬᠡᠷᠡ᠂ ᠭᠠᠨ᠃᠃ ᠲᠠᠨ ᠤ ᠬᠡᠷᠡᠯ ᠨᠢ᠃

⑦ ᠪᠢ ᠲᠡᠷᠡᠭᠯᠡ ᠬᠤ ᠵᠠ ᠬᠡᠷᠡ᠂ ᠬᠡᠷᠡᠯ ᠵᠠ ᠬᠡᠷᠡᠯ

⑧ ᠬᠡᠷᠡᠭᠯᠡᠢ᠃᠃

본문 써보기

키릴몽골문	
	①
	②
	③
	④
	⑤
	⑥
	⑦
	⑧

한국어	
	①
	②
	③
	④
	⑤
	⑥
	⑦
	⑧

본문 해제

①	라틴전사	ene ɣutul ɣoyu bayin-a.
	키릴몽골문	Энэ гутал гоё байна.
	한국어	이 신발 예쁘네요.
②	라틴전사	teyimü e, ene ɣutul ɣoyu.
	키릴몽골문	Тийм ээ. Энэ гутал гоё.
	한국어	네, 이 신발 예뻐요
③	라틴전사	činar-ni sayin. neng čiqula-ni emüskü-dü tabatai.
	키릴몽골문	Чанар нь сайн. Нэн чухал нь өмсөхөд тавтай.
	한국어	질도 좋네요. 가장 중요한 것은 신을 때 편한 거죠.
④	라틴전사	yeke baɣ-a-ni tokiramǰitai. yamar ün-e-tei bui?
	키릴몽골문	Их бага нь тохиромжтой. Ямар үнэтэй вэ?
	한국어	사이즈가 딱 맞네요. 얼마인가요?
⑤	라틴전사	100,000(ǰaɣun mingɣan) tögürig.
	키릴몽골문	100,000 төгрөг.
	한국어	100,000 투그륵입니다.
⑥	라틴전사	dangču ün-e-tei. ǰiɣaqan kimdaral da.
	키릴몽골문	Данч үнэтэй. Жаахан хямдрал даа.
	한국어	너무 비싸네요. 조금 싸게는 안 되나요?
⑦	라틴전사	ene čini yosutai ed-ni sayin, üne-e-ni kimda baraɣ-a siu, 90,000(yeren mingɣan) tögürig.
	키릴몽골문	Энэ чинь ёстой ед нь сайн, үнэн нь хямд бараа шүү, 90,000 төгрөг.
	한국어	이건 확실히 품질이 좋고, 가격도 저렴한 상품입니다. 90,000 투그륵(에 드릴게요).
⑧	라틴전사	bayarlal-a.
	키릴몽골문	Баярлалаа.
	한국어	감사합니다.

새로운 단어

본문의 새로운 단어

전통몽골문							
라틴전사	kelberi	činar	čiqula	emüskü	tabatai[7]	nomėr	tokiramjitai
키릴몽골문	хэлбэр	чанар	чухал	өмсөх	тавтай	номер	тохиромжтой
한국어	형태	품질	중요한	입다	편안하다	번호	적합하다

전통몽골문						
라틴전사	jaγu	kimdaraγulqu	ed	kimda	baraγ-a	taγaraqu
키릴몽골문	зуу	хямдруулах	эд	хямд	бараа	таарах
한국어	백(100)	할인해 주다	물건	저렴한	제품	맞다

보충 단어

전통몽골문						
라틴전사	yaγum-a	ün-e	ün-e qayalčaqu	jokiraqu	yekedekü	bayadaqu
키릴몽골문	юм	үнэ	үнэ хэлэлцэх	зохих	ихдэх	багадах
한국어	물건	가격	가격을 흥정하다	적합하다	너무 많다	~하기에 작다

---

7 ≒ < ᠲᠠᠭᠠᠲᠠᠢ >(taγatai)

전통몽골문						
라틴전사	qobčasu ǰasal	itali	šangqai	ordus	kӧstiyom	ǰanggiy-a
키릴몽골문	хувцас засал	Итали	Шанхай	Ордос	костюм	зангиа
한국어	옷 장식	이탈리아	상하이	오르도스	정장	넥타이

전통몽골문				
라틴전사	čamča	büse	eligebči	uuǰi
키릴몽골문	цамц	бүс	элгэвч	ууж
한국어	셔츠	허리띠	배 싸개	기혼 여성이 위에 입는 소매 없는 긴 옷

문법 설명

1. neng: нэн, 아주, 매우

ᠨᠡᠩ	– 강조형용사.

	라틴전사	neng yeke. neng öndür.
	키릴몽골문	нэн их. нэн өндөр.
	한국어	아주 큰. 아주 높은.

2. dangču: данч, 지나치게

ᠳᠠᠩᠴᠤ	– 강조형용사.

	라틴전사	dangču qurdun. dangču udaɤan.
	키릴몽골문	данч хурдан. данч удаан.
	한국어	지나치게 빠른. 지나치게 느린.

3. kimdaraɣul: хямдруул-, 싸게 해-

ᠬᠢᠮᠳᠠᠷᠠᠭᠤᠯᠬᠤ		– 어간 〈 ᠬᠢᠮᠳᠠᠷᠠ 〉(kimdara–)에 사동태 〈 ᠭᠤᠯ 〉(–ɣul: –уул²)를 결합시켜 구성한 단어 이다.

	라틴전사	ene ǰimis-i čim-a-du kimdaraɣulǰu öggüy-e. ǰaq-a degereki yaɣum-a masi kimdaraɣulǰu qudalduǰu bayin-a.
	키릴몽골문	Энэ жимсийг чамд хямдруулаж өгье. Зах дээр юм маш хямдруулаж худалдаж байна.
	한국어	이 과일을 너에게 싸게 줄게. 시장 물건은 아주 싸게 팔리고 있다.

연습 문제 1: 본문 두 번 따라 쓰기

연습 문제 2: 새로운 단어 따라 쓰기

몽골 문화 더보기

몽골 전통 신발인 고탈(гутал)은 밑창이 아주 단단하고 신발코가 위로 솟은 장화 형태이다. 전통 씨름 경기에서 선수들은 고탈(гутал)을 신고 경기를 하는데, 서로 버틴 상태에서 다리기술을 많이 사용하기 때문이다. 바닥이 평평하고 탄탄한 고탈(гутал)은 다리기술을 사용할 때 유용하며 상대편에게 부상을 줄 위험이 적다. 몽골 사람들은 의복 중에서도 신발을 매우 중요하게 생각한다. 겨울철에 몽골은 늘 영하의 날씨이기 때문에 밑창이 두껍고 튼튼하지 않은 신발을 신어 발이 추우면 한기로 인해 몸이 쉽게 아프기에 튼튼하고 따뜻한 신발을 신어야 한다고 여긴다.

41과 실례합니다

본문

① ᠪᠢ ᠲᠠ ᠰᠠᠢᠢᠨ ᠪᠠᠢᠢᠨ᠎ᠠ ᠤᠤ᠂ ᠨᠠᠳᠠ ᠳᠤ ᠴᠠᠭ ᠢ ᠨᠢ ᠬᠡᠯᠡᠵᠦ ᠥᠭᠭᠦᠨ᠎ᠡ ᠤᠤ︖

② ᠲᠡᠢᠢᠮᠦ᠂ ᠮᠠᠨ ᠤ ᠥᠷᠦᠭᠡᠨ᠎ᠡ ᠨᠢᠭᠡ ᠬᠡᠷᠡᠭᠲᠡᠢ ᠶᠤᠮ ᠪᠠᠢᠢᠭ᠎ᠠ ᠶᠤᠮ᠂᠂

③ ᠲᠡᠢᠢᠮᠦ ᠦᠦ︖ ᠶᠠᠭᠤ ᠬᠡᠷᠡᠭᠲᠡᠢ ᠪᠤᠢ᠂᠂

④ ᠡᠴᠢᠭᠡ᠂ ᠨᠠᠳᠠ ᠲᠤᠰᠠᠯᠠᠵᠤ ᠥᠭᠬᠦ ᠬᠦᠮᠦᠨ ᠪᠠᠢᠢᠨ᠎ᠠ᠂᠂

⑤ ᠲᠡᠢᠢᠮᠦ᠂ ᠡᠨᠡ ᠬᠡᠷᠡᠭᠲᠡᠢ ᠪᠣᠯᠪᠠᠰᠤ ᠬᠤᠳᠠᠯᠳᠤᠵᠤ ᠠᠪᠤᠭᠠᠳ ᠢᠷᠡ᠂᠂

⑥ ᠲᠠᠨ ᠤ ᠪᠢᠴᠢᠭᠰᠡᠨ ᠪᠢ ᠦᠵᠡᠭᠡᠳ ᠮᠡᠳᠡᠯ᠎ᠡ᠂᠂

⑦ ᠲᠡᠢᠢᠮᠦ ᠦᠦ︖ ᠲᠡᠢᠢᠮᠦ ᠤᠤ︕

⑧ ᠲᠡᠢᠢᠮᠦ︕

본문 써보기

키릴몽골문	①
	②
	③
	④
	⑤
	⑥
	⑦
	⑧
한국어	①
	②
	③
	④
	⑤
	⑥
	⑦
	⑧

본문 해제

①	라틴전사	tan-ača asaɣuy-a. müzėi kürkü-dü yaɣakiǰu yabuqu bile?
	키릴몽골문	Танаас асууя. Музей хүрэхэд яаж явах билээ?
	한국어	당신에게 묻겠습니다(실례합니다). 박물관에 가려면 어떻게 가야 하나요?
②	라틴전사	yeke surɣaɣuli ɣudumǰi-un aütobüs-du saɣubal siɣud kürčigen-e.
	키릴몽골문	Их сургууль гудамжны автобусанд суувал шууд хүрчихнэ.
	한국어	대학교 거리의 버스를 타면 바로 도착할 겁니다.
③	라틴전사	ügei. bi yabaɣan-iyar.
	키릴몽골문	Үгүй. Би явганаар.
	한국어	아니요. 저는 걸어서 갈 거라서요.
④	라틴전사	tegebel, ene ɣudumǰi-iyar čig-iyer-iyen yabun-a.
	키릴몽골문	Тэгвэл, энэ гудамжаар чигээрээ явна.
	한국어	그러면, 이 길을 따라 직진해서 가세요.
⑤	라틴전사	daraɣ-a-ni türügüü taɣaralduqu toɣunulǰin ǰam kürbel baraɣun ɣar teyisi-ben erkiǰü mön as yabun-a.
	키릴몽골문	Дараа нь түрүү тааралдах тоонолжин зам хүрвэл баруун гар тийшэн эрхиж мөн ас явна.
	한국어	다음에 첫 번째로 만나는 교차로(사거리)에 도달하면 우회전해서 다시 직진하세요.
⑥	라틴전사	arbaɣad minüt yabubal kürčigen-e. ene udaɣan-u sin-e-ber bayiɣuluɣsan činggis qaɣan-u müzėi.
	키릴몽골문	Арваад минут явбал хүрчихнэ. Энэ удаагийн шинээр байгуулагдсан Чингис хааны музей.
	한국어	10(여)분 가면 도착할 겁니다. 이번에 새로 지어진 칭기스칸 박물관입니다.
⑦	라틴전사	bayarlal-a. bayartai!
	키릴몽골문	Баярлалаа. баяртай!
	한국어	감사합니다, 안녕히 가세요!
⑧	라틴전사	bayartai!
	키릴몽골문	Баяртай!
	한국어	안녕히 가세요!

새로운 단어

본문의 새로운 단어

전통몽골문							
라틴전사	yaγakiǰu	saγuqu	kürülčekü	yabaγan	γudumǰi	türügüü	taγaralduqu
키릴몽골문	яаж	сүүх	хүрэлцэх	явган	гудамж	түрүү	тааралдах
한국어	어떻게	앉다	닿다	가면서	거리	먼저, 선두	우연히 만나다

문법 설명

1. saɣubal: суувал, 앉으면, 타면

ᠰᠠᠭᠤᠪᠠᠯ	- 〈ᠰᠠᠭᠤ〉(saɣu-)뒤에 조건연결어미 〈ᠪᠠᠯ〉(-bal: -бал[4]/-вал[4])을 결합시켜 구성. - 〈ᠪᠠᠯ〉은 앞으로 행위가 발생하는 것을 조건으로 하거나, '가정'의 의미를 나타낸다.

	라틴전사	masin-du saɣubal siɣud kürčigen-e. ɣurban minüt alqubal kürčigen-e.
	키릴몽골문	Машинд суувал шууд хүрэлцэнэ. Гурван минут алхвал хүрэлцэнэ.
	한국어	차로 가면 바로 도착한다. 3분 걸으면 도착할 것이다.

2. arbaɣad: арваад, 열댓 개

ᠠᠷᠪᠠᠭᠠᠳ	- 〈ᠠᠷᠪᠠ〉(arba) 뒤에 대략적인 수량후치사 〈ᠭᠠᠳ / ᠭᠡᠳ〉(-ɣad/-ged: -аад[4])로 구성. - 한국어: ~가량, 대략.

	라틴전사	arbaɣad minüt. qoriɣad qoni.
	키릴몽골문	Арваад минут. Хориод хонь.
	한국어	10분가량. 20마리가량의 양.

①	②	③	④	⑤	⑥	⑦	⑧		①	②	③	④	⑤	⑥	⑦	⑧

연습 문제 2: 새로운 단어 따라 쓰기

몽골 문화 더보기

울란바타르의 대표적인 대중교통 수단은 버스이다. 버스 종류는 Ц-간선(일반노선), XO-지선(외곽노선), T-트롤리(전기선 버스)로 크게 세 가지로 나뉜다. 몽골의 버스들은 대부분 한국의 중고 버스로 운행하기 때문에 익숙하게 느껴진다. 한국의 T-money 버스카드 시스템을 몽골에서 2015년에 도입하여 U-money로 활용하고 있다. 버스카드는 버스 정류장 근처 상점에서 충전할 수 있고, 탑승할 때 찍고 내릴 때 찍는 시스템이 한국과 동일하다. 30분 이내에 다른 버스로 환승하게 되면 무료로 이용할 수 있다.

42과 어떤 정류장에서 내립니까?

본문

① ᠣ ᠴᠢ ᠰᠠᠢᠢᠨ ᠤᠤ !

② ᠰᠠᠢᠢᠨ ! ᠲᠠ ᠬᠠᠮᠢᠭᠠ ᠣᠴᠢᠬᠤ ᠭᠡᠵᠦ ᠪᠠᠢᠢᠨᠠ ᠪᠤᠢ :

③ ᠪᠢ ᠵᠠᠬᠠ ᠳᠤ · ᠲᠠ ᠶᠠᠮᠠᠷ ᠪᠠᠭᠤᠳᠠᠯ ᠳᠤ ᠪᠠᠭᠤᠬᠤ ᠪᠤᠢ :

④ ᠨᠠᠳᠠ ᠵᠢᠭᠠᠵᠤ ᠥᠭᠬᠦ ᠦᠦ ?

⑤ ᠲᠡᠷᠡ ᠪᠠᠭᠤᠳᠠᠯ ᠳᠤ ᠪᠢ ᠵᠢᠭᠠᠵᠤ ᠥᠭᠬᠦ ᠦᠦ :

⑥ ᠪᠢ ᠲᠠᠨᠢ ᠳᠠᠭᠠᠵᠤ ᠪᠠᠭᠤᠶᠠ :

⑦ ᠪᠠᠶᠠᠷᠯᠠᠯᠠ :

⑧ ᠪᠠᠶᠠᠷᠲᠠᠢ !

본문 써보기

키릴몽골문	①
	②
	③
	④
	⑤
	⑥
	⑦
	⑧
한국어	①
	②
	③
	④
	⑤
	⑥
	⑦
	⑧

본문 해제

	라틴전사	ta ende saɣučiq-a!
①	키릴몽골문	Та энд суугаач!
	한국어	여기에 앉으세요!
	라틴전사	bayarlal-a! keüked qoyaɣula qamtu saɣuy-a.
②	키릴몽골문	Баярлалаа! Хүүхэд, хоёулаа хамт сууя.
	한국어	감사합니다! 학생, (우리) 둘이서 같이 앉읍시다.
	라틴전사	qamiy-a ügei, bi kedün örtege önggerebel kürčigen-e.
③	키릴몽골문	Хамаагүй, би хэдэн өртөө өнгөрвөл хүрэхнэ.
	한국어	괜찮아요, 저는 몇 정거장 지나면 도착합니다.
	라틴전사	ali örtegen-dü baɣun-a?
④	키릴몽골문	Аль өртөөнд буух вэ?
	한국어	어떤 정류장에서 내립니까?
	라틴전사	mongɣol ulus-un yeke surɣaɣuli-du baɣun-a.
⑤	키릴몽골문	Монгол Улсын Их Сургуулд бууна.
	한국어	몽골국립대학교에서 내려요.
	라틴전사	bi mön tende baɣun-a.
⑥	키릴몽골문	Би мөн тэнд бууна.
	한국어	나도 거기에서 내릴 거예요.
	라틴전사	bolun-a.
⑦	키릴몽골문	Болно.
	한국어	네.
	라틴전사	bayar-tai!
⑧	키릴몽골문	Баяртай!
	한국어	안녕히 가세요!

새로운 단어

본문의 새로운 단어

전통몽골문						
라틴전사	qamtu	nasutan	saγuγači	keüked	önggerekü	baγuqu
키릴몽골문	хамт	настан	суугаач	хүүхэд	өнгөрөх	буух
한국어	함께	노인	앉으세요	아이	지나가다	내리다

전통몽골문					
라틴전사	ǰirγaqu	nasulaqu	urtu	baγuqu	udaγan
키릴몽골문	жаргах	наслах	урт	буух	удаан
한국어	행복하다	나이를 먹다	긴	내리다	천천히, 느린

1. sayučiq-a: сууцих, 앉으세요!/앉아 버리세요!

(몽골문자)	- 〈(몽골문자)〉(sayu-: суу-) 뒤에 앞말이 나타내는 행동이 완전히 끝났음을 나타내는 완료도구격(Төгс үйлдэх) 어미인 〈(몽골문자)〉(-čiq-a: -чих)로 구성. - 〈(몽골문자)〉는 어떤 일을 모두 끝마치거나 이미 해 버린 일, 혹은 명령할 때에도 사용한다.

(몽골문자) (몽골문자)	**라틴전사**	sayučiq-a! yabučiq-a!
	키릴몽골문	Сууцих! Явцих!
	한국어	앉으세요(앉아 버리세요)! 가세요(가 버리세요)!

2. bayulɣaɣači: буулгаач, 내려라

(몽골문자)	- 〈(몽골문자)〉(bayulɣa-: буулга-) 뒤에 2인칭 종결어미 〈(몽골문자)/(몽골문자)〉(-ɣači/-geči: -aaч[4])로 구성. - 동사 어간에 2인칭 종결어미를 연결하여 요구나 지시의 의미를 나타낸다. - 요구와 지시의 의미가 조금 강한 어미이다. - 상대방의 '요구'나 '청구' 혹은 '지시'를 표시.

(몽골문자) (몽골문자)	**라틴전사**	minu sirege-yi bayulɣaɣači. minu čüngkü-yi bayulɣaɣači.
	키릴몽골문	Миний ширээг буулгаач. Миний цүнхийг буулгаач.
	한국어	나의 책상을 내려라. 나의 가방을 내려라.

연습 문제 1: 본문 두 번 따라 쓰기

연습 문제 2: 새로운 단어 따라 쓰기

몽골 문화 더보기

몽골의 기차는 중국의 베이징에서 러시아의 시베리아 횡단철도를 연결하는 울란우데, 이르쿠츠크 도시로의 종단 철도만 운행한다. 몽골 사람들은 울란바타르에서 제2의 도시 에르데네트나 제3의 도시 다르항으로 많이 가지만, 외국 여행객의 경우 러시아의 바이칼 호수를 보러 가기 위해 이르쿠츠크로 가는 노선을 많이 이용한다. 기차표는 온라인(https://eticket.ubtz.mn/)으로도 예매할 수 있다.

43과 공항까지 가는 대중교통이 있나요?

본문

① ᠣᠳᠣ ᠪᠠᠶᠠᠷᠯᠠᠨ᠎ᠠ ᠤᠤ?

② ᠲᠡᠷᠡ ᠴᠤ ᠬᠡᠷᠡᠭᠦᠢ ᠳ᠎ᠠ᠃

③ ᠣᠳᠣ ᠪᠠᠶᠠᠷᠯᠠᠨ᠎ᠠ ᠤᠤ?

④ ᠲᠠᠨ ᠳᠤ ᠪᠠᠶᠠᠷᠯᠠᠯᠠ᠃

⑤ ᠵᠠ᠂ ᠬᠡᠷᠡᠭᠦᠢ᠃

⑥ ᠨᠢᠰᠬᠦ ᠣᠩᠭᠣᠴᠠᠨ ᠤ ᠪᠤᠭᠤᠮᠲᠠ ᠬᠦᠷᠲᠡᠯᠡᠬᠢ ᠣᠯᠠᠨ ᠨᠡᠶᠢᠲᠡ ᠶᠢᠨ ᠲᠡᠭᠡᠭᠡᠪᠦᠷᠢ ᠪᠠᠶᠢᠨ᠎ᠠ

⑦ ᠤᠤ?᠃᠃ ᠲᠡᠶᠢᠮᠡ᠂ ᠡᠨᠳᠡ ᠡᠴᠡ 72 ᠲᠣᠭᠠᠲᠤ ᠠᠦ᠋ᠲ᠋ᠣᠪᠦᠰ ᠶᠠᠪᠤᠨ᠎ᠠ ᠤᠤ

⑧ ᠪᠠᠶᠢᠨ᠎ᠠ᠃᠃

본문 써보기

키릴몽골문	①	
	②	
	③	
	④	
	⑤	
	⑥	
	⑦	
	⑧	
한국어	①	
	②	
	③	
	④	
	⑤	
	⑥	
	⑦	
	⑧	

본문 해제

①	라틴전사	ta qamiγ-a baγun-a?
	키릴몽골문	Та хаана бууна?
	한국어	당신 어디서 내리나요?
②	라틴전사	nom-un delgegür-tü.
	키릴몽골문	Номын дэлгүүрт.
	한국어	서점에서요.
③	라틴전사	ta qamiγ-a baγun-a?
	키릴몽골문	Та хаана бууна?
	한국어	당신 어디서 내리나요?
④	라틴전사	ečüs-ün örtege.
	키릴몽골문	Эцэсийн өртөө.
	한국어	종점에서요.
⑤	라틴전사	ǰa, tegey-e.
	키릴몽골문	За, тэгье.
	한국어	자, 네.
⑥	라틴전사	ulaγanbaγatur baγudal-ača ongγučan-u baγudal-du kürkü neyite-yin masin bayin-a uu?
	키릴몽골문	Улаанбаатар буудалаас онгоцны буудалд хүрэх нийтийн машин байна уу?
	한국어	울란바타르 정류장에서 공항까지 가는 대중교통이 있나요?
⑦	라틴전사	bayin-a. mön tende-eče 72 duγar ǰam-un terge-dü saγuγarai.
	키릴몽골문	Байна. Мөн тэндээс 72 дугаар замын тэрэгт суугаарай.
	한국어	있어요. 바로 여기에서 72번길의 차를 타세요.
⑧	라틴전사	bayarlal-a.
	키릴몽골문	Баяарлалаа.
	한국어	감사합니다.

새로운 단어

본문의 새로운 단어

전통몽골문					
라틴전사	nom-un delgegür	ečüs	ǰai	talbiqu	baγudal	ongγučan-u baγudal
키릴몽골문	номын дэлгүүр	эцэс	зай	тавих	буудал	онгоцны буудал
한국어	서점	말미, 끝	틈, 여유	두다	정류소	공항

연습 문제 1: 본문 두 번 따라 쓰기

①	②	③	④	⑤	⑥	⑦	⑧	①	②	③	④	⑤	⑥	⑦	⑧

연습 문제 2: 새로운 단어 따라 쓰기

몽골 문화 더보기

몽골에는 택시(taxi) 표시를 한 택시와 콜택시가 있다. 그러나 한국과는 다르게 거리에서 손을 들고 지나가는 차를 잡으면 택시로 이용할 수 있다. 차를 타면 정식 택시가 아니므로 미터기는 없고, 차량의 거리측정기를 초기화하여 이동한 거리만큼 요금을 받는다. 최근 울란바타르에는 스마트폰을 이용한 택시 앱 사용량이 늘어나고 있다.

44과 영화 볼래?

본문

① ᠬᠡᠦᠬᠡᠨ ᠄ ᠶᠤᠰᠤ ᠴᠢᠨᠤ ᠲᠠᠭᠠᠯᠠᠭᠳᠠᠭᠰᠠᠨ ᠳᠦᠷᠢ ᠬᠡᠨ ᠪᠤᠢ ?

② ᠬᠦᠪᠡᠭᠦᠨ ᠄ ᠡᠮᠮ… ᠨᠠᠳᠠ ᠳᠤ ᠲᠠᠭᠠᠯᠠᠭᠳᠠᠬᠤ ᠦᠦ ?

③ ᠬᠡᠦᠬᠡᠨ ᠄ ᠲᠡᠭᠡᠪᠡᠯ ᠴᠢᠨᠤ ᠳᠤᠷᠠᠳᠠᠢ ᠁

④ ᠬᠦᠪᠡᠭᠦᠨ ᠄ 《 ᠲᠠᠢᠲᠠᠨᠢᠺ 》 ᠢ ᠦᠵᠡᠶᠡ !

⑤ ᠬᠡᠦᠬᠡᠨ ᠄ ᠪᠢ 《 ᠠᠪᠠᠲᠠᠷ 》 ᠢ ᠦᠵᠡᠬᠦ ᠭᠡᠰᠡᠨ ᠶᠤᠮ ᠁

⑥ ᠬᠦᠪᠡᠭᠦᠨ ᠄ ᠲᠡᠭᠡᠪᠡᠯ ᠪᠢᠳᠡᠨ ᠬᠤᠶᠠᠷ ᠴᠤ ᠦᠵᠡᠶᠡ ᠁

⑦ ᠬᠡᠦᠬᠡᠨ ᠄ ᠪᠤᠯᠤᠨ᠎ᠠ ᠁ ᠲᠠᠭᠠᠯᠠᠭᠳᠠᠬᠤ ᠪᠠᠢᠯᠭᠦᠢ

⑧ ᠬᠦᠪᠡᠭᠦᠨ ᠄ ᠲᠡᠭᠡ ! ᠪᠠᠶᠠᠷᠲᠠᠢ …

본문 써보기

키릴몽골문	①
	②
	③
	④
	⑤
	⑥
	⑦
	⑧
한국어	①
	②
	③
	④
	⑤
	⑥
	⑦
	⑧

본문 해제

①	라틴전사	süke: ene söni qoyaɣula kino üǰekü üü?
	키릴몽골문	Сүх: Энэ шөнө хоёулаа кино үзэх үү?
	한국어	수흐: 오늘 저녁에 둘이서 영화 볼래?
②	라틴전사	čečeg: bolun-a. yamar kino bayidaɣ bol?
	키릴몽골문	Цэцэг: Болно. Ямар кино байдаг бол?
	한국어	체첵: 응, 어떤 영화가 있어?
③	라틴전사	süke: tere söni-yi qaraɣači.
	키릴몽골문	Сүх: Тэр шөнийг хараач.
	한국어	수흐: 그날 저녁에 보자.
④	라틴전사	čečeg: 《mongɣol》 kino üǰey-e!
	키릴몽골문	Цэцэг: 《Монгол》 кино үзье!
	한국어	체첵: 영화 〈몽골〉을 보자!
⑤	라틴전사	süke: bi 《činggis qaɣan》 kino üǰekü sanaɣ-a-tai.
	키릴몽골문	Сүх: Би 《Чингис хаан》 кино үзэх санаатай.
	한국어	수흐: 나는 영화 〈칭기스칸〉을 보고 싶어!
⑥	라틴전사	čečeg: orui-yin doluɣan čaɣ-tu ekilen-e.
	키릴몽골문	Цэцэг: Оройн долоон цагт эхэлнэ.
	한국어	체첵: (영화는) 저녁 7시에 시작해.
⑦	라틴전사	süke: bide ǰabtai. qoyaɣula ǰiɣaqan qoɣula ideged ködelüy-e.
	키릴몽골문	Сүх: Бид завтай. Хоёулаа жаахан хоол идээд хөдлөө.
	한국어	수흐: 우리 아직 시간이 있어. 둘이서 간단히 음식을 먹고 움직이도록 하자.
⑧	라틴전사	čečeg: ǰa! tegey-e!
	키릴몽골문	Цэцэг: За! Тэгие.
	한국어	체첵: 그래.

새로운 단어

본문의 새로운 단어

전통몽골문				
라틴전사	domuɣ	gebeču	ekilekü	ködelkü
키릴몽골문	домог	гэвч	эхлэх	хөдлөх
한국어	신화	그러나	시작하다	움직이다

보충 단어

전통몽골문							
라틴전사	jüčüge[8]	ɣool baɣatur	ɣool toɣlaɣči	činggis qaɣan	üliger	düri	ɣool sanaɣ-a
키릴몽골문	жүжиг	гол баатар	гол тоглогч	Чингис хаан	үлгэр	дүр	гол санаа
한국어	연극	주인공		칭기스칸	이야기	인물	주제

---

8 ≒ <ᠵᠦᠵᠦᠭᠡ>(jüjüge)

문법 설명

1. qoyaɣula: хоёулаа, 둘이서

(몽골문)	(설명)
ᠬᠣᠶᠠᠭᠤᠯᠠ	– ⟨ᠬᠣᠶᠠᠷ⟩(qoyar: хоёр) 뒤에 집합수사 ⟨ᠭᠤᠯᠠ / ᠭᠦᠯᠡ⟩(-ɣula/-güle: -уулаа²)로 구성. – ⟨ᠬᠣᠶᠠᠭᠤᠯᠠ⟩의 원래 어근 ⟨ᠷ⟩(r) 자음이 탈락.

(몽골문)	라틴전사	qoyaɣula mongɣol kele surn-a. qoyaɣula aǰil-iyan daɣusba.
	키릴몽골문	Хоёулаа монгол хэл сурна. Хоёулаа ажилаа дуусан.
	한국어	둘이서 몽골어를 공부할 것이다. 둘이서 일을 끝냈다.

2. üǰemer bayin-a: үзмээр байна, 보고 싶다

(몽골문)	(설명)
ᠦᠵᠡᠮᠡᠷ ᠪᠠᠶᠢᠨᠠ	– ⟨ᠦᠵᠡ⟩(үз-: üǰ-) 후에 희망·기원·의지의 표현인 ⟨ᠮᠡᠷ⟩(-mar/-mer: -маар⁴)로 구성. – 동작의 가능성, 함유 의미를 나타낸다.

(몽골문)	라틴전사	bi nayiǰa-tai-ban üǰemer bayin-a. bide yeke surɣaɣuli-yin mongɣol sudulul-un tingkim-ün proféssor-tai üǰemer bayin-a.
	키릴몽골문	Би найзтайгаа үзмээр байна. Бид их сургуулийн монгол судлалын тэнхимийн профессортой үзмээр байна.
	한국어	나는 (내) 친구를 보고 싶다. 우리는 대학교 몽골학과 교수님들이 보고 싶다.

연습 문제 1: 본문 두 번 따라 쓰기

①	②	③	④	⑤	⑥	⑦	⑧		①	②	③	④	⑤	⑥	⑦	⑧

연습 문제 2: 새로운 단어 따라 쓰기

몽골 문화 더보기

울란바타르에서는 연극, 오페라, 발레 공연을 가족 단위로 관람하는 문화가 보편적이다. 유명 서양 연극을 몽골어로 번안한 연극도 있지만, 사회 풍자극인 хошин шог도 늘 인기와 사랑을 받고 있다. 몽골의 영화산업은 20세기 사회주의 시기에 발전했다. 1990~2000년대에는 영화보다는 다큐멘터리 위주로 국제사회에서 주목을 받았다. 외화 방영이 압도적이었던 과도기를 거쳐 2020년대에는 몽골 자체 제작 영화와 드라마들이 활발하게 제작되고 있다.

45과 연주회 아주 좋았어요

본문

① ᠬᠥᠭᠵᠢᠮ ᠦᠨ ᠬᠤᠷᠠᠯ ᠮᠠᠰᠢ ᠰᠠᠶᠢᠬᠠᠨ ᠪᠠᠢᠢᠪᠠ᠂

② ᠲᠡᠢᠢᠮᠦ ᠡ! ᠨᠠᠳᠠᠳᠤ ᠮᠠᠰᠢ ᠲᠠᠭᠠᠯᠠᠭᠳᠠᠪᠠ᠃

③ ᠬᠥᠭᠵᠢᠮ ᠦᠨ ᠠᠩᠬᠢ ᠶᠢᠨ ᠲᠥᠯᠥᠭᠡᠯᠡᠭᠴᠢ ᠬᠡᠮ ᠪᠤᠢ᠂

ᠪᠢ ᠲᠡᠳᠡᠨ ᠦ ᠬᠥᠭᠵᠢᠮ ᠦᠨ ᠠᠶᠠᠯᠭᠤ ᠶᠢ ᠰᠠᠶᠢᠬᠠᠨ ᠰᠤᠨᠤᠰᠤᠭᠰᠠᠨ᠃

④ ᠲᠡᠷᠡ ᠪᠦᠰᠡᠭᠦᠢ ᠶᠢᠨ᠂᠂ ᠴᠢᠮᠡᠭᠡ ᠶᠢ ᠮᠢᠨᠦ ᠰᠠᠶᠢᠬᠠᠨ ᠰᠤᠨᠤᠰᠤᠭᠰᠠᠨ᠃

⑤ ᠮᠢᠨᠦ ᠪ ᠪᠠᠰᠠ ᠮᠥᠨ ᠲᠡᠢᠢᠮᠦ ᠪ ᠰᠠᠨᠠᠭ ᠲᠠᠭᠠᠯᠠᠭᠳᠠᠪᠠ᠂᠂

⑥ ᠲᠡᠷᠡ ᠬᠥᠭᠵᠢᠮ ᠦᠨ ᠠᠶᠠᠯᠭᠤ ᠶᠢᠨ ᠨᠡᠷ᠎ᠡ ᠶᠢ ᠮᠡᠳᠡᠬᠦ ᠦᠦ᠂᠂

ᠲᠡᠷᠡ ᠶᠠᠭᠠᠬᠢᠭᠠᠳ ᠮᠥᠨ ᠰᠠᠢ ᠶᠤ ᠪ ᠮᠡᠳᠡᠬᠦ ᠦᠭᠡᠢ᠂᠂

⑦ ᠲᠡᠷᠡ ᠮᠢᠨᠦ᠂ ᠪᠢᠳᠡᠨ ᠦ ᠳᠤᠷᠠᠲᠠᠢ ᠬᠥᠭᠵᠢᠮᠴᠢᠨ᠃

⑧ ᠲᠡᠢᠢᠮᠦ ᠡ᠃᠃

본문 써보기

키릴몽골문		
	①	
	②	
	③	
	④	
	⑤	
	⑥	
	⑦	
	⑧	

한국어		
	①	
	②	
	③	
	④	
	⑤	
	⑥	
	⑦	
	⑧	

본문 해제

①	라틴전사	koncèrt sayiqan boluγsan, bayarlal-a.
	키릴몽골문	Концерт сайхан болсон, баярлалаа.
	한국어	연주회 아주 좋았어요, 고맙습니다.
②	라틴전사	nayïǰa mini! kögemei geǰü γayiqamsiγtai mongγol ulamǰilaltu uraliγ bayin-a.
	키릴몽골문	Найз минь! Хөөмий гэж гайхамшигтай монгол уламжлалт урлаг байна.
	한국어	친구야! 허미라는 놀라운 몽골전통예술이 있네.
③	라틴전사	teyimü e, kögemeyilekü-yi sonusqu büri eke bayiγali-yin ayalγu ǰirüken-dü nebtereǰü nutuγ-un ünür ünürtüdeg.
	키릴몽골문	Тийм ээ, хөөмийлөхийг сонсох бүр их байгалын аялгуу зүрхэнд нэвтлэж нутагын үнэр үнэртэдэг.
	한국어	맞아, 허미를 들으면 대자연의 선율이 심장에 스며들어서 고향의 향기가 나는 것 같아.
④	라틴전사	tere ču ǰöb e. minu ebüge dangda kögemei daγuladaγ.
	키릴몽골문	Тэр ч зөв ээ. Миний өвөө дандаа хөөмий дууладаг.
	한국어	그것도 맞아. 나의 할아버지는 항상 허미를 부르셔.
⑤	라틴전사	ünen-i kelekü-dü bi kögemei-yi angq-a udaγ-a sonusču bayin-a.
	키릴몽골문	Үнэнийг хэлэхэд Би хөөмийг анх удаа сонсож байна.
	한국어	솔직히 말하면 나는 허미를 처음 들어.
⑥	라틴전사	mongγol daγuu kögǰim geǰü γayiqaltai. angq-a sonusču bayiγ-a ču ridi sidi-dü-ni tataγdadaγ.
	키릴몽골문	Монгол дуу хөгжим гэж гайхалтай. Анх сонсож байгаа ч рид шид нь татагдадаг.
	한국어	몽골의 노래는 놀라워. 처음 들어도 신기하게 끌려.
⑦	라틴전사	teyimü e, bide daraγ-a udaγ-a qamtu očiǰu sonusuγ-a.
	키릴몽골문	Тийм ээ, бид дараа удаа хамт очиж сонсъё.
	한국어	맞아요, 우리 다음에 같이 들으러 가요.
⑧	라틴전사	bolun-a.
	키릴몽골문	Болно.
	한국어	그러자.

새로운 단어

본문의 새로운 단어

전통몽골문	(몽골문자)	(몽골문자)	(몽골문자)	(몽골문자)	(몽골문자)
라틴전사	ḱoncèrt	kögemei	γayiqamsiγtai	uraliγ	kögemeyilekü
키릴몽골문	концерт	хөөмий	гайхамшигтай	урлаг	хөөмийлөх
한국어	연주회	허미	신기한	예술	허미를 부르다

전통몽골문	(몽골문자)	(몽골문자)	(몽골문자)	(몽골문자)	(몽골문자)
라틴전사	bayiγali	nebtelkü	ünür	ünürtükü	angq-a
키릴몽골문	байгаль	нэвтлэх	үнэр	үнэртэх	анх
한국어	대자연	스며들다	냄새	향이 나다	첫 번째

전통몽골문	(몽골문자)	(몽골문자)	(몽골문자)	(몽골문자)	(몽골문자)
라틴전사	ayalγu	tataγdaqu	ǰirüke	oyilaγaqu	ridi sidi
키릴몽골문	аялгуу	татагдах	зүрх	ойлгох	рид шид
한국어	운율	끌리다	심장	이해하다	요술, 신기함

문법 설명

1. sonusqular: сонсохлоор, 들어서

	- ⟨sonus-: сонс-⟩ 뒤에 후속연결어미 ⟨-qular/-küler: -хлаар[4]⟩로 구성.
	- 전통몽골어에서 후속연결어미는 ⟨-qular/-küler⟩ 두 가지가 존재한다.
	- 후속연결어미는 동작이 바로 뒤따르는 것을 나타내며, "~하자 곧/~하고 난 후에/~아(어)서"라고 해석된다.
라틴전사	ene daγuu-yi sonusqular bi yeke bayartai bayin-a. egeči ene daγuu-yi sonusqular sedkil masi sayin boluγsan.
키릴몽골문	Энэ дууг сонсохлоор би их баяртай байна. Эгч энэ дууг сонсохлоор сэтгэл маш сайн болсон.
한국어	이 노래를 들어서 나는 매우 기쁘다. 언니는 이 노래를 들어서 기분이 많이 좋아졌다.

연습 문제 1: 본문 두 번 따라 쓰기

①	②	③	④	⑤	⑥	⑦	⑧	①	②	③	④	⑤	⑥	⑦	⑧

연습 문제 2: 새로운 단어 따라 쓰기

몽골 문화 더보기

 허미는 인두(咽頭)라는 뜻으로, 몽골의 전통 창법의 하나이다. 허미 가수는 구강 모양을 변화시키면서 고음을 내는 동시에 목 안에서는 지속적인 저음의 톤을 발성한다. 몽골인들은 허미의 발생에 대해 흐르는 산골짜기의 물소리와 알타이 산맥의 메아리 소리를 본떠 만든 것이라고 한다. 서부 몽골 지역 알타이산 주변 민족들은 허미 창법을 이용하여 천신과 산신, 자연신을 찬양하는 노래와 영웅 서사가를 부른다.

46과 마두금을 연주하나요?

① ᠣ ᠲᠠᠨᠠᠢ ᠬᠢ ᠮᠣᠩᠭᠣᠯ ᠬᠥᠭᠵᠢᠮ ᠦ�?

② ᠲᠡᠷᠡ ... ᠡᠨᠡ ᠮᠣᠷᠢᠨ ᠬᠤᠭᠤᠷ ᠃

③ ᠡᠭᠦᠨ ᠢᠶᠡᠷ ᠶᠠᠮᠠᠷ ᠬᠥᠭᠵᠢᠮ ᠬᠥᠭᠵᠢᠮ ᠦ᠎᠎?

④ ᠮᠣᠷᠢᠨ ᠤ ... ᠬᠥᠭᠵᠢᠮ ᠬᠥᠭᠵᠢᠮ ᠃

⑤ ᠮᠣᠩᠭᠣᠯ ᠤᠷᠲᠤ ᠶᠢᠨ ᠳᠠᠭᠤᠤ ᠦ᠎᠎?

⑥ ᠮᠣᠩᠭᠣᠯ ᠤᠷᠲᠤ ᠶᠢᠨ ᠳᠠᠭᠤᠤ ᠃

⑦ ᠲᠡᠷᠡ ᠮᠣᠩᠭᠣᠯ ᠤ ᠬᠥᠭᠵᠢᠮ ᠦ᠎᠎?

⑧ ᠮᠣᠷᠢᠨ ᠤ ...

키릴몽골문	①
	②
	③
	④
	⑤
	⑥
	⑦
	⑧
한국어	①
	②
	③
	④
	⑤
	⑥
	⑦
	⑧

본문 해제

①	라틴전사	ta urtu-yin daɣuu daɣuladaɣ-uu?
	키릴몽골문	Та уртын дуу дууладаг уу?
	한국어	당신은 오르팅 도를 부르곤 하나요?
②	라틴전사	ügei, minu emege daɣuladaɣ.
	키릴몽골문	Үгүй. Миний эмээ дууладаг.
	한국어	아니요. 나의 할머니가 부릅니다.
③	라틴전사	batu morin qoɣur toɣladaɣ-uu?
	키릴몽골문	Бат морин хуур тоглодог уу?
	한국어	바트는 마두금을 연주하나요?
④	라틴전사	teyimü e, sayiqan toɣladaɣ.
	키릴몽골문	Тийм ээ, сайхан тоглодог.
	한국어	네, 잘 연주합니다.
⑤	라틴전사	süke kögemeyiledeg üü?
	키릴몽골문	Сүх хөөмийлөдөг үү?
	한국어	수흐는 허미를 부르곤 하나요?
⑥	라틴전사	sayiqan kögemeyiledeg.
	키릴몽골문	Сайхан хөөмийлөдөг.
	한국어	허미를 잘 부릅니다.
⑦	라틴전사	naran arad-un daɣuu daɣuladaɣ uu?
	키릴몽골문	Наран ардын дуу дууладаг уу?
	한국어	나랑은 민요를 부르곤 하나요?
⑧	라틴전사	teyimü e.
	키릴몽골문	Тийм ээ.
	한국어	네.

새로운 단어

본문의 새로운 단어

전통몽골문					
라틴전사	urtu-yin daγuu	tuuli	morin quγur	tataqu	arad-un daγuu
키릴몽골문	уртын дуу	тууль	морин хуур	татах	ардын дуу
한국어	오르팅 도9	토올, 서사시	마두금	당기다, 현악기를 연주하다	민요

전통몽골문				
라틴전사	kögjim daruqu	čuγur	yatuγ-a	daγučin
키릴몽골문	хөгжим дарах	цуур	ятга	дуучин
한국어	연주하다	초르(피리)	야탁(가야금)	가수

---

9 오르팅 도(уртын дуу)는 몽골 민족의 대표적인 예술가곡 중 하나이다. 오르팅 도는 몽골의 민요와 달리 제한된 범위 이상의 높은 예술성을 포함한 몽골 전통 성악곡이다. 아주 긴 가락과 깊은 울림, 음색 변화가 특징이며, 몽골의 자연, 가축, 사랑, 고향 등 생활에서 느낀 정서를 표현한다. 2008년에는 유네스코 인류무형문화유산으로 등재되어 몽골 민족의 중요한 예술 문화로 인정받고 있다. 오르팅 도칭(уртын дуучин)은 오르팅 도의 연행자로, 전문성을 겸비한 전문 가수이다.

연습 문제 1: 본문 두 번 따라 쓰기

①	②	③	④	⑤	⑥	⑦	⑧	①	②	③	④	⑤	⑥	⑦	⑧

연습 문제 2: 새로운 단어 따라 쓰기

몽골 문화 더보기

몽골 전통 민속춤은 지역 특성에 따라 서몽골춤, 동몽골춤으로 나뉘는데, 서몽골 지역의 춤을 비 비엘게라고 지칭한다. 비 비엘게의 특징은 몽골 게르에서 앉은 자세로 제자리에서 어깨와 상체를 위주로 움직이며 추는 것이 특징이다. 비 비엘게를 출 때에 모링 호르, 이켈, 톱쇼르 등 현악기 연주가 동반된다. 주로 지역의 축제나 행사 때에 이 춤을 춘다. 우유를 뿌리고 고수레하기, 씨름하기, 활쏘기, 곡식을 맷돌로 갈기, 빨래하기 등 비 비엘게는 일상생활 속 이야기를 춤으로 나타내는데 특히 유목문화의 특성을 잘 보여 주는 의식을 반영하고 있다. 2009년 유네스코는 몽골 민속춤인 비 비엘게를 '긴급 보호가 필요한 무형문화유산 목록'에 등재했다.

47과 농구를 좋아합니다

본문

① ᠣᠨ ᠰᠠᠶᠢᠬᠠᠨ ᠪᠠᠶᠢᠨ᠎ᠠ ᠤᠤ?

② ᠮᠢᠨᠦ ᠪᠡᠶ᠎ᠡ ᠰᠠᠶᠢᠬᠠᠨ ᠪᠠᠶᠢᠨ᠎ᠠ ᠃

③ ᠣᠨ ᠰᠠᠶᠢᠨ ᠡ ᠪᠠᠶᠢᠭᠠᠯᠢ ᠪᠠᠶᠢᠨ᠎ᠠ ᠤᠤ?

④ ᠮᠢᠨᠦ ᠪᠡᠶ᠎ᠡ ᠪᠠᠶᠢᠨ᠎ᠠ ᠃

⑤ ᠣᠨ ᠪᠦᠮᠪᠦᠭᠡ ᠪᠠᠶᠢᠨ᠎ᠠ ᠤᠤ?

⑥ ᠮᠢᠨᠦ ᠪᠦᠮᠪᠦᠭᠡ ᠪᠠᠶᠢᠨ᠎ᠠ ᠃

⑦ ᠣᠨ ᠠᠭᠠᠷᠤᠯᠵᠤ ᠪᠠᠶᠢᠨ᠎ᠠ ᠤᠤ?

⑧ ᠮᠢᠨᠦ ᠪᠡᠶ᠎ᠡ ᠠᠭᠠᠷᠤᠯᠵᠤ ᠪᠠᠶᠢᠨ᠎ᠠ ᠃

본문 써보기

키릴몽골문	①
	②
	③
	④
	⑤
	⑥
	⑦
	⑧
한국어	①
	②
	③
	④
	⑤
	⑥
	⑦
	⑧

본문 해제

①	라틴전사	ta saɣsun bömbüge toɣlaqu duratai uu?	
	키릴몽골문	Та сагсан бөмбөг тоглох дуртай юу?	
	한국어	당신 농구를 좋아합니까?	
②	라틴전사	teyimü e, bi saɣsun bömbüge toɣlaqu duratai.	
	키릴몽골문	Тийм ээ, Би сагсан бөмбөг тоглох дуртай.	
	한국어	네. 나는 농구를 좋아합니다.	
③	라틴전사	ta siregen-ü ṫennis toɣlaqu duratai uu?	
	키릴몽골문	Та ширээний теннис тоглох дуртай юу?	
	한국어	당신 탁구를 좋아합니까?	
④	라틴전사	teyimü e, bi duratai.	
	키릴몽골문	Тийм ээ, би дуртай.	
	한국어	네, 나는 좋아합니다.	
⑤	라틴전사	ta köǰür toɣlaqu duratai uu?	
	키릴몽골문	Та хөзөр тоглох дуртай юу?	
	한국어	당신 카드놀이를 좋아합니까?	
⑥	라틴전사	ügei, bi köǰür toɣlaqu dur-a-ügei.	
	키릴몽골문	Үгүй, би хөзөр тоглох дургүй.	
	한국어	아니요, 나는 카드놀이를 싫어합니다.	
⑦	라틴전사	ta šaɣ-a toɣlaqu duratai uu?	
	키릴몽골문	Та шагай тоглох дуртай юу?	
	한국어	당신 샤가이 놀이를 좋아합니까?	
⑧	라틴전사	ügei. bi šaɣ-a toɣlaqu dur-a-ügei.	
	키릴몽골문	Үгүй. би шагай тоглох дургүй.	
	한국어	아니요. 나는 샤가이 놀이를 싫어합니다.	

새로운 단어

본문의 새로운 단어

전통몽골문				
라틴전사	toɣlaqu	naɣadqu	köjür	šaɣ-a
키릴몽골문	тоглох	наадах	хөзөр	шагай
한국어	놀다, (경기)~하다	(게임, 놀이)~하다	카드놀이	샤가이

보충 단어

전통몽골문					
라틴전사	altan mėdal	mönggün mėdal	kürel mėdal	köl bömbüge	saɣsun bömbüge
키릴몽골문	алтан медаль	мөнгөн медаль	хүрэл медаль	хөл бөмбөг	сагсан бөмбөг
한국어	금메달	은메달	동메달	축구	농구

전통몽골문				
라틴전사	času	ɣulɣuqu	mösü	orulčaqu
키릴몽골문	цас	гулгах	мөс	оролцох
한국어	눈	미끄러지다	얼음	참가하다

1. selikü: сэлэх, 수영하다

ᠰᠡᠯᠢᠬᠦ	– ⟨ᡷ⟩(seli-: 사엘에-) 뒤에 수식 어미의 현재미래시제어미 ⟨ᠬᠦ⟩(-kü: -х)로 구성. – 수영 혹은 수영을 막 하려고 하는 것을 나타낸다. – 때로는 술어로, 때로는 뒤에 오는 단어를 꾸며 주는 관형사의 역할을 하기도 한다.

	라틴전사	usun-du selikü urulduyan. tere usun-du selikü bolun-a.
	키릴몽골문	Усанд сэлэх уралдаан. Тэр усанд сэлэж болно.
	한국어	수영 시합. 그는 수영해도 된다.

2. bisi: биш, 아니다

ᠪᠢᠰᠢ	– 부정첨사.

	라틴전사	ene bisi. ene mön.
	키릴몽골문	Энэ биш. Энэ мөн.
	한국어	이것은 아니다. 이것은 맞다.

3. damǰiǰu: дамжиж, ~통해서

ᠳᠠᠮᠵᠢᠵᠤ	- 〈ᡩ〉(damǰi-: дамжи-) 뒤에 대등연결어미 〈ᠵᠤ〉(-ǰu: -ж)로 구성. - 본문 중에 〈ᡩ〉(damǰiǰu)는 두 문장을 연결하는 역할을 한다. - 앞 단어에 도구격이 결합되어 사용되는 경향이 있다.	
ᠪᠢᠳᠡ ᠰᠤᠷᠭᠠᠭᠤᠯᠢ ᠪᠠᠷ ᠳᠠᠮᠵᠢᠵᠤ ᠮᠠᠰᠢ ᠣᠯᠠᠨ ᠶᠠᠭᠤᠮ ᠠ ᠶᠢ ᠰᠤᠷᠤᠯᠴᠠᠵᠤ ᠪᠠᠶᠢᠨ ᠠ ᠳᠡᠷᠡ ᠡᠨᠡ ᠠᠷᠭ᠎ᠠ ᠪᠠᠷ ᠳᠠᠮᠵᠢᠵᠤ ᠠᠮᠵᠢᠯᠲᠠ ᠣᠯᠪᠠ	**라틴전사**	bide surɣaɣuli-bar damǰiǰu masi olan yaɣum-a-yi surulčaǰu bayin-a. tere ene arɣ-a-bar damǰiǰu amǰilta olba.
	키릴몽골문	Бид сургуулиар дамжиж маш олон юмыг суралцаж байна. Тэр энэ аргаар дамжиж амжилт олсон.
	한국어	우리는 학교를 통해 아주 많은 것들을 (함께) 공부하고 있다. 그는 이 방법을 통해 성공했다.

연습 문제 1: 본문 두 번 따라 쓰기

①	②	③	④	⑤	⑥	⑦	⑧	①	②	③	④	⑤	⑥	⑦	⑧

연습 문제 2: 새로운 단어 따라 쓰기

몽골 문화 더보기

샤가이는 몽골 사람 누구에게나 친숙한 놀이로, 샤가이는 양의 복사뼈를 말한다. 이 뼈의 각 면은 몽골인들이 중요하게 생각하는 가축을 상징하는데 바깥쪽은 낙타, 안쪽은 말, 앞쪽은 염소, 뒤쪽은 양을 뜻한다. 몽골인들은 샤가이를 지니고 다니면 행운이 온다고 여기기에 흔히 샤가이를 가지고 다닌다. 이 때문에 아이들뿐만 아니라 어른도 다섯 명 정도 모이면 샤가이를 이용해 타흐놀이를 한다. 샤가이 타흐는 샤가이를 이용한 놀이법 가운데 하나로, 머리를 많이 쓰는 지혜의 놀이이다.

몽골 곳곳에는 온천이 발달되어 있다. 초원 가운데에서 야외 온천을 즐길 수 있는데, 몽골 사람들은 온천물의 특성마다 각각 치유할 수 있는 약수(藥水)라고 여긴다. 실제로 피부병 완화나 치료 후 건강회복, 피로 회복에 효과가 있다고 알려져 있다.

48과 상금을 차지했다

① ᠲ᠍ᠠ ᠶ᠌ ᠦᠭᠡᠷ ᠤ᠌ ᠬᠢ᠍ᠲ ᠪᠣᠯᠣᠨ᠍ ᠤ᠌ ᠦ᠌ ᠶᠢᠨᠠ᠍ᠬᠢ᠍ᠯᠠ᠍ᠬᠤ᠋ ᠂᠂

② ᠵᠢᠯ ᠤ᠌ ᠪᠦᠭᠡᠳ ᠬᠢᠵᠢ᠍ᠯ ᠂ ᠪᠣᠯᠣᠨ ᠬᠤᠷᠤᠭᠤ᠍

ᠪᠣᠯ ᠲᠡᠭᠦᠨ᠍ ᠵᠢᠬᠠᠨ᠍ ᠂᠂

③ ᠲᠠ ᠶ᠌ ᠤᠯᠠ᠍ ᠵᠢᠯ ᠤ᠌ ᠪᠦᠭᠡᠳ ᠶᠢᠨᠠ᠍ᠬᠢ᠍ᠯᠠ᠍ᠬᠤ᠋ ᠂᠂

④ ᠲᠦᠭᠡ ᠶ᠌ ᠶᠠᠩᠬᠤ᠍ ᠤ᠌ ᠶᠢᠨᠠ᠍ ᠶᠢᠨᠠ᠍ᠬᠢ᠍ᠯᠠ᠍ᠬᠤ᠋ ᠪᠢᠬᠠ᠍ ᠂᠂

⑤ ᠪᠣᠯ ᠤᠨ᠌ ᠬᠢᠲᠠᠬᠤ᠍ ᠶ᠌ ᠪᠣᠯᠬᠤᠷᠠ᠍ ᠬᠤᠷᠤᠭᠤ᠍ 《ᠶᠢᠨᠠ᠍》 ᠪᠣᠯ ᠂᠂

⑥ ᠲᠠ ᠬᠢᠲᠠᠬᠤ᠍ ᠶ᠌ ᠬᠤᠷᠤᠭ ᠶᠢᠨᠠᠬᠠ᠍ ᠂᠂

⑦ ᠲᠠ ᠶ᠌ ᠤᠯᠠ᠍ ᠶᠦ ᠪᠦᠭᠡ ᠶᠢᠨᠠᠬᠤ᠍ ᠬᠢᠯ ᠣᠨ᠌

ᠬᠢᠲᠠᠬᠤ᠍ᠯ ᠪᠣᠯ ᠪᠣᠯᠣᠨᠤ᠍ ᠪᠢᠬᠠ᠍ ᠂᠂

⑧ ᠲᠠᠬᠢ᠍ ᠶ᠌ ᠶᠢᠨᠠ᠍ ᠪᠢᠬᠠ᠍ ᠪᠦᠭᠡ ᠬᠢᠲᠠᠬᠤ᠍ ᠪᠣᠯᠣᠨᠤ᠍ ᠂᠂

키릴몽골문		
	①	
	②	
	③	
	④	
	⑤	
	⑥	
	⑦	
	⑧	

한국어		
	①	
	②	
	③	
	④	
	⑤	
	⑥	
	⑦	
	⑧	

본문 해제

	라틴전사	man-u nutuɣ-tu ǰil büri doluɣan sar-a-du naɣadum boldaɣ.
①	키릴몽골문	Манай нутагт жил бүр 7(долоон) сард наадам болдог.
	한국어	우리 고향에서는 매년 7월에 나담이 있다.
	라틴전사	naɣadum-du mori uruldun[10], böke barilduǰu, sur qarbuɣa bain-a.
②	키릴몽골문	Наадамд морь уралдаан, бөх барилдаан, сур харваа байна.
	한국어	나담에는 말타기, 씨름, 활쏘기가 있다.
	라틴전사	ene ǰil-ün naɣadum selengge ɣool-un denǰi-dü bolǰai.
③	키릴몽골문	Энэ жилийн наадам Сэлэнгэ голын дэнжид болжээ.
	한국어	올해의 나담은 셀렝게강의 언덕에서 진행되었다.
	라틴전사	morin-u urulduɣan-du gerel-ün ǰiɣaqan saɣaral terigün šang-i abčai.
④	키릴몽골문	Морины уралдаанд Гэрлийн жаахан саарал тэргүүн шаныг авчээ.
	한국어	말타기 경기에서 게렐의 작은 회색 말이 1위의 상금을 차지했다.
	라틴전사	böke-yin urulduɣan-du baɣatur ɣuwai <arslan> bolba.
⑤	키릴몽골문	Бөхийн уралдаанд баатар гуай <Арслан> болов.
	한국어	씨름 경기에서 바타르씨가 〈사자(арслан)〉상을 차지했다.
	라틴전사	sur qarbuɣa-du erdeni ɣuwai terigülebe.
⑥	키릴몽골문	Сур харваад эрдэнэ гуай тэргүүлсэн.
	한국어	활쏘기에서는 에르덴 씨가 1등을 했다.
	라틴전사	daraɣ-a ǰil-ün naɣadum bi boru önggetei daɣ-a-ban urulduɣulqu-bar beledkeǰü bayin-a.
⑦	키릴몽골문	Дараа жилийн наадам би бор өнгөтэй дааган уралдаахаар бэлтгэж байна.
	한국어	다음 해의 나담에 나는 갈색 2살짜리 (말타기) 경기를 준비하고 있다.
	라틴전사	daraɣ-a ǰil-ün naɣadum basa masi sonirqaltai.
⑧	키릴몽골문	Дараа жилийн наадам бас маш сонирхолтой.
	한국어	다음 해의 나담도 무척 재미있을 것이다.

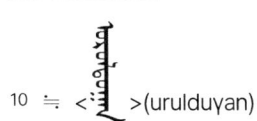

10 ≒ < >(urulduɣan)

새로운 단어

본문의 새로운 단어

전통몽골문				
라틴전사	naɣadum-un bayar	terigülekü	mori urulduqu	böke barilduqu	sur qarbuqu
키릴몽골문	наадмын баяр	тэргүүлэх	морь уралдах	бөх барилдах	сум харвах
한국어	나담 축제	선두에 서다	말 경주	씨름	활쏘기

전통몽골문				
라틴전사	ǰiɣaqan saɣaral	terigün	aburɣu	day-a	urulduɣulqu
키릴몽골문	жаахан саарал	тэргүүн	аварга	даага	уралдаах
한국어	작은 회색 말	머리, 수장, 제1의	우승	2살 된 말	시합하다

보충 단어

전통몽골문				
라틴전사	dedlekü	ǰalaɣu	qoǰiɣdaqu	ürgülǰilekü	segül
키릴몽골문	дэдлэх	залуу	хожигдох	үргэлжлэх	сүүл
한국어	2인자가 되다	젊은	지다, 늦다	계속하다	마지막

문법 설명

1. terigülebe: тэргүүлсэн, 우승했다

(몽골문)	- 〈(몽골문)〉(terigün: тэргүүн) 뒤에 정사(靜词) 파생동사의 부가 성분인 〈(몽골문)〉(-la/-le: -ла²)와 동사 과거시제 〈(몽골문)〉(-ba²: -(a)в⁴)로 구성.

(몽골문)	라틴전사	aɣula abariqu urulduɣan-du terigülebe. tere olan ulus-un sitar-a-yin urulduɣan-du terigülebe.
	키릴몽골문	Уул авирах уралдаанд тэргүүлэв. Тэр олон улсын шатрын уралдаанд тэргүүлэв.
	한국어	산 등산 대회에서 우승했다. 그는 국제 체스 시합에서 우승했다.

2. beledkejü bayin-a: бэлтгэж байна, 준비하고 있다

(몽골문)	- 어간인 〈(몽골문)〉(beledke-: бэлтгэ-) 뒤에 대등연결어미 〈(몽골문)〉(-jü: -ж)로 구성. - 〈(몽골문)〉(beledkejü bayin-a: бэлтгэж байна)와 같은 이러한 연어는 한 개의 동사처럼 사용한다.

(몽골문)	라틴전사	tere silɣalta-du beledkejü bayin-a. tere silɣalta-du beledkejü bayiba.
	키릴몽골문	Тэр шалгалт бэлтгэж байна. Тэр шалгалт бэлтгэж байсан.
	한국어	그는 시험을 준비하고 있다. 그는 시험을 준비하고 있었다.

연습 문제 1: 본문 두 번 따라 쓰기

연습 문제 2: 새로운 단어 따라 쓰기

몽골 문화 더보기

메르겡(мэргэн)은 활쏘기의 최종 우승자에게 내려 주는 칭호이다. 고대 몽골의 신궁 칭호인 메르겡은 부여의 주몽(朱蒙)과 같은 의미를 지니고 있다. 또한 현명한 자, 예언자라는 뜻도 함께 가지고 있다.

바양 허더드(баян ходоод)는 말 경주에서 입상식 때 꼴찌 말에게 내려 주는 칭호이다. 가장 나이 어린 말과 어린아이들이 참가하는 다가 경주에서는 우승 말과 그 기수, 꼴찌 말과 그 기수를 함께 불러 축사와 함께 격려를 해 주는 전통이 있다. 나담의 주관자는 꼴찌를 한 아이에게 '기술과 조련이 미숙해서 맨 뒤에 들어왔지만 내년에는 맨 처음이 되기를 바라며 축복을 내린다'라고 격려하면서 삶은 양의 위를 말에 묶어 준다. 이 때문에 꼴찌를 한 말은 '부귀한 위(胃)'라는 뜻을 지닌 바양 허더드라고 불린다.

49과 비가 오나요?

본문

① ᠬᠣᠷᠢᠶᠠᠨ ᠪᠠᠢᠨ᠎ᠠ ᠤᠤ?

② ᠬᠠᠷᠢᠨ ᠃᠃ ᠬᠣᠷᠢᠶᠠᠨ ᠦᠭᠡᠢ ᠪᠠᠢᠨ᠎ᠠ ᠃᠃ ᠬᠤᠷᠳᠤᠨ ᠪᠠᠢᠭᠰᠠᠨ ᠪᠠᠢᠨ᠎ᠠ

③ ᠬᠣᠷᠢᠶᠠᠨ ᠪᠠᠢᠭᠰᠠᠨ ᠤᠤ?

④ ᠦᠭᠡᠢ ᠃ ᠪᠠᠢᠭᠰᠠᠨ ᠃᠃

⑤ ᠮᠠᠨᠠᠢ ᠭᠠᠵᠠᠷ ᠦᠯᠦ ᠬᠠᠷᠠᠭᠤᠯᠤᠨ ᠡ ᠪᠠᠢᠨ᠎ᠠ ᠤᠤ ᠨᠠᠯᠢ ᠪᠠᠢᠨ᠎ᠠ?

⑥ ᠦᠭᠡᠢ ᠃᠃ ᠨᠠᠷᠠ ᠭᠠᠷᠴᠤ ᠪᠠᠢᠨ᠎ᠠ ᠤᠤ ᠪᠠᠢᠭᠰᠠᠨ ᠃᠃

⑦ ᠬᠣᠷᠢᠶᠠᠨ ᠪᠠᠢᠭᠰᠠᠨ ᠤᠤ?

⑧ ᠪᠠᠢᠭᠰᠠᠨ ᠪᠠᠢᠨ᠎ᠠ ᠃᠃ ᠦᠳᠡᠯᠡᠭᠡᠳ ᠡᠳᠦᠷ ᠬᠠᠷᠠᠨ᠎ᠠ ᠃᠃

본문 써보기

키릴몽골문	①	
	②	
	③	
	④	
	⑤	
	⑥	
	⑦	
	⑧	
한국어	①	
	②	
	③	
	④	
	⑤	
	⑥	
	⑦	
	⑧	

본문 해제

①	라틴전사	önüdür boruɣan-tai uu?
	키릴몽골문	Өнөөдөр бороотой юу?
	한국어	오늘 비가 오나요?
②	라틴전사	ügei. önüdür egüle-tei. marɣasi boruɣan-tai.
	키릴몽골문	Үгүй. Өнөөдөр үүлтэй. Маргааш бороотой.
	한국어	아니요. 오늘 구름이 꼈어요. 내일은 비가 온대요.
③	라틴전사	nögügedür tungɣalaɣ uu?
	키릴몽골문	Нөгөөдөр тунгалаг уу?
	한국어	모레는 맑아요?
④	라틴전사	teyimü, tungɣalaɣ.
	키릴몽골문	Тийм, тунгалаг.
	한국어	네, 맑아요.
⑤	라틴전사	daraɣ-a-yin doluɣ-a qonuɣ-un basang ɣaraɣ-tu času-tai uu?
	키릴몽골문	Дараагийн долоо хоногийн Баасан гаригт цастай юу?
	한국어	다음 주 금요일에는 눈이 오나요?
⑥	라틴전사	teyimü. času ǰiɣaqan orun-a geǰü bayiɣsan.
	키릴몽골문	Тийм. Цас жаахан орно гэж байсан.
	한국어	네, 눈이 조금 온다고 했어요.
⑦	라틴전사	önüdür küiten üü?
	키릴몽골문	Өнөөдөр хүйтэн үү?
	한국어	오늘 추워요?
⑧	라틴전사	küiten bayin-a. qubčasu-ban ǰoǰaɣala.
	키릴몽골문	Хүйтэн байна. Хувцасаа зузаал.
	한국어	추워요. 옷을 두껍게 입어요.

새로운 단어

본문의 새로운 단어

전통몽골문								
라틴전사	egüle	manan	ǰergelge	času	boruɣ-a	kiraɣu	siɣurɣ-a	möndür
키릴몽골문	үүл	манан	зэрэглээ	цас	бороо	хяруу	шуурга	мөндөр
한국어	구름	안개	아지랑이	눈	비	서리	폭풍	우박

전통몽골문							
라틴전사	qur-a	dulaɣan	küiten	serigün	aɣagim-a qalaɣun	tesgim-e küiten	tungɣalaɣ	bürküg
키릴몽골문	хур	дулаан	хүйтэн	сэрүүн	аагим халуун	тэсгим хүйтэн	тунгалаг	бүрхэг
한국어	강수	따뜻하다	춥다	서늘하다	무더위	혹한	맑다	흐리다

보충 단어: 계절

전통몽골문				
라틴전사	qabur	ǰun	namur	ebül
키릴몽골문	хавар	зун	намар	өвөл
한국어	봄	여름	가을	겨울

문법 설명

1. bayiɣasai: байгаасай, 있으면 좋겠다

ᠪᠠᠢᠢᠭᠠᠰᠠᠢ	- ⟨ᠪᠠᠢ⟩(bayi-: бай-) 뒤에 3인칭 희망·소망어미 ⟨ᠭᠠᠰᠠᠢ/ᠭᠡᠰᠡᠢ⟩(-ɣasai/-gesei: -аасай[4])로 구성. - 희망, 소망을 강력하게 나타내나, 대개 실현 불가능한 소망을 표현하는 데 사용한다. - 3인칭 희망·소망어미는 ⟨ᠭᠠᠰᠠᠢ/ᠭᠡᠰᠡᠢ⟩(-ɣasai/-gesei) 두 가지를 사용하며, 어간이 자음으로 끝나면 연결모음 ⟨ᠤ⟩(-u/-ü)이 삽입되기도 한다.

	라틴전사	teyimü le bayiɣasai! küü mini qurduqan qariǰu iregesei!
	키릴몽골문	Тийм л байгаасай! Хүү минь хурдхан хариж ирээсэй!
	한국어	그렇게 되기를! 내 아들이 빨리 돌아오기를!

연습 문제 1: 본문 두 번 따라 쓰기

연습 문제 2: 새로운 단어 따라 쓰기

몽골 문화 더보기

몽골은 1년 중 250일 이상 맑은 날이 계속되는 건조한 지역이다. 몽골의 연평균 강수량은 300mm 가량이며, 강수량의 대부분이 7월에 비로 내린다. 이 때문에 몽골 사람들은 비가 오는 것을 좋아하고, 비가 와도 우산을 쓰고 다니지 않는 모습을 흔히 볼 수 있다.

또한, 몽골에서 가뭄이나 큰눈 등의 자연재해로 가축이 풀을 먹을 수 없을 정도로 방목지가 훼손된 상태를 조드(зуд)라고 한다. 조드는 세 가지로 구분된다. 차강 조드(цагаан зуд)는 폭설로 가축이 풀을 뜯어 먹을 수 없어 아사하는 상태를 말한다. 하르 조드(хар зуд)는 겨울 유목지에 눈이 내리지 않아 방목이 불가능할 정도로 물이 부족한 상태를 말한다. 토라이 조드(туурай зуд)는 지나치게 좁은 목초지에 가축이 집중되어 풀이 짓밟혀 방목할 수 없게 된 상태를 말한다.

50과 어디로 갈까?

① ᠬᠠᠮᠢᠭᠠᠰᠢ ᠪᠤᠶᠤ ᠶᠠᠪᠤᠬᠤ ᠪᠤ ?

② ᠪᠢ ᠴᠤ ᠮᠡᠳᠡᠬᠦ ᠦᠭᠡᠢ ᠁

③ ᠠᠭᠤᠯᠠᠨ ᠳᠤ ᠭᠠᠷᠴᠤ ᠤ ᠠᠭᠠᠷ ᠠᠮᠢᠰᠬᠤᠯ ᠢᠶᠠᠷ ᠰᠠᠶᠢᠬᠠᠨ ᠪᠤᠯᠤᠨ᠎ᠠ ?

④ ᠲᠡᠭᠡᠶ ᠡ ᠲᠡᠭᠡᠶ᠎ᠡ ᠁

⑤ ᠵᠠ ᠶᠠᠪᠤᠶ᠎ᠠ ! ᠪᠢᠳᠡᠨ ᠤ ᠡᠮᠦᠨ᠎ᠡ ᠨᠢᠭᠡ ᠮᠠᠰᠢᠨ ᠪᠠᠶᠢᠨ᠎ᠠ ᠁

⑥ ᠲᠠᠨ ᠢ ᠬᠦᠷᠭᠡᠬᠦ ᠦᠦ ?

⑦ ᠲᠠᠶᠢᠯᠠᠯᠠᠢ ᠂ ᠪᠢᠳᠡ ᠦᠪᠡᠷ ᠢᠶᠡᠨ ᠶᠠᠪᠤᠨ᠎ᠠ ᠁

⑧ ᠵᠠ ᠂ ᠪᠠᠶᠠᠷᠲᠠᠢ !

키릴몽골문	①
	②
	③
	④
	⑤
	⑥
	⑦
	⑧
한국어	①
	②
	③
	④
	⑤
	⑥
	⑦
	⑧

본문 해제

①	라틴전사	ulaɣanbaɣatur-tu kürügsen üü?
	키릴몽골문	Улаанбаатарт хүрсэн үү?
	한국어	울란바타르에 왔습니까?
②	라틴전사	ene qabur sar-a saɣuɣsan.
	키릴몽골문	Энэ хавар сар суусан.
	한국어	이번 봄에 (그곳에서) 살았습니다.
③	라틴전사	toɣurin-du erten-ü durasqaltu ǰüil yaɣu bayin-a?
	키릴몽골문	Тойронд эртний дурсгалт зүйл юу байна?
	한국어	주위에 유적지가 있니?
④	라틴전사	boɣda qaɣan ebül-ün ordun müzèi, činggis qaɣan-u moritu kösiy-e-dü čoɣčalaburi, ɣandantegčinlen keyid gekü metü bayin-a.
	키릴몽골문	Богд хаан өвлийн ордон музей, Чингис хааны морьт хөшөөт цогцолбор, Гандантэгчинлэн хийд гэх мэт байна.
	한국어	복드칸 겨울 궁전 박물관, 칭기스칸 마상 동상, 간단 사원 등이 있어.
⑤	라틴전사	nayiǰa mini! Amralta abču ǰuɣačaqu-bar yabuy-a.
	키릴몽골문	Найз минь! Амралт авч зугаацахаар явъя.
	한국어	친구야, 방학이 오면 산책하러(놀러) 가자.
⑥	라틴전사	qamiɣ-a kürkü bui?
	키릴몽골문	Хаана хүрэх вэ?
	한국어	어디로 갈까?
⑦	라틴전사	ɣoruq-a terelǰ-ün bayiɣali-yin čoɣčalaburi-du ɣaǰar-tu očiqu sanaɣatai.
	키릴몽골문	Горхи-Тэрэлжийн байгалийн цогцолборт газарт очих санаатай.
	한국어	고르히-테를지(Горхи-Тэрэлж) 국립공원에 가고 싶다.
⑧	라틴전사	ǰa, qamtu očiy-a!
	키릴몽골문	За, хамт очъё.
	한국어	좋아, 같이 가자!

본문의 새로운 단어

전통몽골문						
라틴전사	erten-ü durasqaltu ǰüil	erten-ü γaǰar	yamu	güngǰü	ǰöngdegen	ǰuγačaqu
키릴몽골문	эртний дурсгалт зүйл	эртний газар	яам	гүнж	зөндөө	зугаацах
한국어	고대 유물	고적지	관공서	공주	흔하다	산책하다

문법 설명

1. ǰiγulčilaγčid: жуулчлагчид, 관광객들

	– 〈 〉(ǰiγulčilaγčid: жуулчлагч) 뒤에 명사의 복수형 어미 〈ᠣ᠋〉(-d: -д)가 결합된 형태. – 명사의 복수형 어미 〈ᠣ᠋〉는 다양한 말음을 갖고 있는 명사들의 복수형 어미로 사용할 수 있는데, 말음이 "n"인 단어는 대개 이 복수형 어미를 사용하며 이때 "n"은 탈락한다. (noyan → noyad, qatun → qatud 등) – 〈ᠴᠢ〉(-či), 〈ᠭᠠᠴᠢ/ᠭᠡᠴᠢ〉(-γači/-geči), 〈ᠭᠴᠢ/ᠭᠴᠢ〉(-γči/-gči)로 끝나는 모든 명사는 복수형 어미로 〈ᠣ᠋〉(-d: -д)를 취한다.

	라틴전사	emčid. suruγčid.
	키릴몽골문	Эмчид. Сурагчид.
	한국어	의사들. 학생들.

연습 문제 1: 본문 두 번 따라 쓰기

① ② ③ ④ ⑤ ⑥ ⑦ ⑧ ① ② ③ ④ ⑤ ⑥ ⑦ ⑧

연습 문제 2: 새로운 단어 따라 쓰기

몽골 문화 더보기

한국에서는 여행지의 숙박업소가 발달한 반면 몽골에서는 별장 문화를 흔히 볼 수 있다. 몽골의 중산층들은 조슬랑(зуслан)이라는 별도의 여름 별장에서 여름을 나곤 하는데, 여름철 무더위와 복잡한 도심을 벗어나 시원하고 공기 좋은 곳에서 휴양하는 곳이다. 여름 별장은 게르 형태나 현대식 1~2층 작은 규모의 건축이 주를 이루며, 몽골 사람들은 여름에 잘 쉬어야 매서운 몽골의 겨울을 버틸 힘을 얻는다고 여긴다.

51과 고향이 어디입니까?

본문

① ② ③ ④ ⑤ ⑥ ⑦ ⑧

(전통몽골문 세로쓰기 본문 ①~⑧)

본문 써보기

키 릴 몽 골 문	①
	②
	③
	④
	⑤
	⑥
	⑦
	⑧
한 국 어	①
	②
	③
	④
	⑤
	⑥
	⑦
	⑧

본문 해제

①	라틴전사	tan-u nutuɣ qamiɣaki bui?
	키릴몽골문	Таны нутаг хаанах вэ?
	한국어	당신의 고향은 어디입니까?
②	라틴전사	qobdu.
	키릴몽골문	Ховд.
	한국어	홉드입니다.
③	라틴전사	tegün-ü nutuɣ qamiɣaki bui?
	키릴몽골문	Түүний нутаг хаанах вэ?
	한국어	그의 고향은 어디입니까?
④	라틴전사	dumdaɣobi.
	키릴몽골문	Дундговь.
	한국어	돈드고비입니다.
⑤	라틴전사	möngke-yin nutuɣ qamiɣaki bui?
	키릴몽골문	Мөнхний нутаг хаанах вэ?
	한국어	뭉흐의 고향은 어디입니까?
⑥	라틴전사	selengge.
	키릴몽골문	Сэлэнгэ.
	한국어	셀렝게입니다.
⑦	라틴전사	oyun-u nutuɣ qamiɣaki bui?
	키릴몽골문	Оюуны нутаг хаанах вэ?
	한국어	어용의 고향은 어디입니까?
⑧	라틴전사	kenteyi.
	키릴몽골문	Хэнтий.
	한국어	헨티입니다.

새로운 단어

본문의 새로운 단어

전통몽골문							
라틴전사	nutuɣ	qamiɣaki	tegün	qobdu	dumdaɣobi	selengge	kenteyi
키릴몽골문	нутаг	хаанах	түүн	Ховд	Дундговь	Сэлэнгэ	Хэнтий
한국어	고향	어디로	그의, 그녀의	홉드	돈드고비	셀렝게	헹티

보충 단어: 중국 내몽골자치구의 지명들

전통몽골문				
라틴전사	köke qota	ulaɣan qota	siling qota	bayannaɣur qota
키릴몽골문	Хөх хот	Улаан хот	Шилийн хот	Баяннуур хот
한국어	후허하오터시 (呼和浩特市)	우란하오터시 (乌兰浩特市)	시린하오터시 (锡林浩特市)	바옌나오얼시 (巴彦淖尔市)

전통몽골문			
라틴전사	ordus qota	ǰarud	qosiɣu
키릴몽골문	Ордос хот	Жарууд	хошуу
한국어	오르도스시 (鄂尔多斯市)	짜루터기 (扎鲁特旗)	호쇼 (旗)

문법 설명

1. qamiɣaki: хаанах, 어디로

ᠬᠠᠮᠢᠶᠠᠬᠢ	- 장소와 위치의 의문사. - 의문사 〈ᠬᠠᠮᠢᠶᠠ〉(qamiɣa: хаана) 뒤에 형용사 부가성분(접사) 〈ᠬᠢ〉(-ki) 첨가.

	라틴전사	qamiɣaki kümün bui? či qamiɣaki očiqu bui?
	키릴몽골문	Хаанах хүн вэ? Чи хаанах очих вэ?
	한국어	어디 사람입니까? 너는 어디로 방문할 거니?

2. tegün-ü: түүний, 그의/그녀의

ᠲᠡᠭᠦᠨᠦ	- 3인칭 대명사 〈ᠲᠡᠷᠡ〉(tere)와 몽골어 속격 어미 〈ᠦ〉(-ü)가 결합된 형태.

	라틴전사	tegün-ü nom. tegün-ü ger.
	키릴몽골문	Түүний ном. Түүний гэр.
	한국어	그(그녀)의 책. 그(그녀)의 집.

3. -yin: -ын/-ийн, ~의

ᠶᠢᠨ	- 몽골어 속격 형태 중 하나. - 앞 단어가 모음으로 끝났을 때 결합하는 속격 어미.

	라틴전사	aq-a-yin nom. suruɣči-yin qubčasu.
	키릴몽골문	Ахын ном. Сурагчын хувцас.
	한국어	형의 책. 학생의 옷.

연습 문제 1: 본문 두 번 따라 쓰기

연습 문제 2: 새로운 단어 따라 쓰기

몽골 문화 더보기

몽골에서는 손님이 오면 매우 친절하게 대접한다. 광활한 초원에서 어떤 일이 일어날지 모르기에 손님이 누구라도 친절하게 대하는 풍습이 있다. 옛날에는 길에서 어려운 사람을 만났을 때 내버려 두고 지나가거나 도와주지 않으면 법으로 엄격하게 처벌했다.

52과 어떤 민족입니까?

본문

① ᠣᠳᠣ ᠲᠠᠨ ᠤᠯᠤᠰ ᠪᠤᠢ ?

② ᠮᠣᠩᠭᠣᠯ ᠤᠯᠤᠰ ᠃

③ ᠲᠠ ᠶᠠᠮᠠᠷ ᠦᠨᠳᠦᠰᠦᠲᠡᠨ ᠪᠤᠢ ?

④ ᠮᠣᠩᠭᠣᠯ ᠦᠨᠳᠦᠰᠦᠲᠡᠨ ᠃

⑤ ᠲᠠ ᠶᠠᠮᠠᠷ ᠤᠯᠤᠰ ᠤᠨ ᠬᠦᠮᠦᠨ ᠪᠤᠢ ?

⑥ ᠮᠣᠩᠭᠣᠯ ᠬᠦᠮᠦᠨ ᠃

⑦ ᠲᠠ ᠶᠠᠮᠠᠷ ᠬᠦᠮᠦᠨ ᠪᠤᠢ ?

⑧ ᠰᠠᠶᠢᠨ ᠬᠦᠮᠦᠨ ᠃

본문 써보기

키릴몽골문	①
	②
	③
	④
	⑤
	⑥
	⑦
	⑧
한국어	①
	②
	③
	④
	⑤
	⑥
	⑦
	⑧

본문 해제

①	라틴전사	ta yamar ündüsüten bui?	
	키릴몽골문	Та ямар үндэстэн бэ?	
	한국어	당신은 어떤 민족입니까?	
②	라틴전사	qalq-a ündüsüten.	
	키릴몽골문	Халх үндэстэн.	
	한국어	할하족입니다.	
③	라틴전사	tere kümün yamar ündüsüten bui?	
	키릴몽골문	Тэр хүн ямар үндэстэн бэ?	
	한국어	그 사람은 어떤 민족입니까?	
④	라틴전사	dariɣangɣ-a ündüsüten.	
	키릴몽골문	Дарьганга үндэстэн.	
	한국어	다리강가족입니다.	
⑤	라틴전사	ene baɣsi yamar ündüsüten bui?	
	키릴몽골문	Энэ багш ямар үндэстэн бэ?	
	한국어	이 선생님은 어떤 민족입니까?	
⑥	라틴전사	čaqar ündüsüten.	
	키릴몽골문	Цахар үндэстэн.	
	한국어	차하르족입니다.	
⑦	라틴전사	tere suruɣči yamar ündüsüten bui?	
	키릴몽골문	Тэр сурагч ямар үндэстэн бэ?	
	한국어	그 학생은 어떤 민족입니까?	
⑧	라틴전사	ögeled ündüsüten.	
	키릴몽골문	Өөлд үндэстэн.	
	한국어	어얼드족입니다.	

새로운 단어

본문의 새로운 단어

전통몽골문					
라틴전사	ta	ündüsüten	mongɣol	kitad	baɣsi
키릴몽골문	та	үндэстэн	Монгол	Хятад	багш
한국어	당신	민족	몽골	중국	선생님

전통몽골문					
라틴전사	suruɣči	qalq-a	dariɣangɣ-a	čaqar	ögeled
키릴몽골문	сурагч	Халх	Дарьганга	Цахар	Өөлд
한국어	학생	할흐	다리강가	차하르	어얼드

보충 단어 1: 내몽골, 중국의 부족 이름

전통몽골문							
라틴전사	čaqar	oyirad	ongniɣud	qaračin	qurčin	uyiɣur	töbed
키릴몽골문	Цахар	Ойрад	Онниуд	Харачин	Хорчин	Үйгур	Төвд
한국어	차하르 (察哈尔)	오이라드 (卫拉特)	옹니오드 (翁牛特)	하라칭 (哈拉沁)	호르칭 (科尔沁)	위구르	티베트

보충 단어 2: 나라 명칭

전통몽골문	ᠮᠣᠩᠭᠣᠯ	ᠰᠣᠯᠣᠩᠭᠣᠰ	ᠶᠠᠫᠣᠨ	ᠺᠢᠲᠠᠳ	ᠠᠮᠠᠷᠢᠺᠧ
라틴전사	mongγol	solungos	yapun	kitad	amarike
키릴몽골문	Монгол	Солонгос	Япон	Хятад	Америк
한국어	몽골	한국	일본	중국	미국

전통몽골문	ᠺᠠᠨᠠᠳᠠ	ᠹᠷᠠᠨᠼ	ᠭᠧᠷᠮᠠᠨ	ᠢᠰᠫᠠᠨᠢ	ᠣᠷᠣᠰ
라틴전사	kanada	franc	gėrman	ispani	orus
키릴몽골문	Канад	Франц	Герман	Испани	Орос
한국어	캐나다	프랑스	독일	스페인	러시아

1. či: чи, 너

ᠴᠢ	- 2인칭 대명사. - 일반적으로 연령이 비슷한 동년배 사이 혹은 비교적 충분히 알고 지내 온 친구 사이에서 사용하는 호칭이다.

ᠴᠢ ᠡᠨᠡ ᠵᠢᠯ ᠬᠡᠳᠦᠨ ᠨᠠᠰᠤᠲᠠᠢ ᠪᠤᠢ？　ᠴᠢ ᠶᠠᠭᠤᠨ ᠳᠤ ᠳᠤᠷᠠᠲᠠᠢ ᠪᠤᠢ？	라틴전사	či ene ǰil kedün nasutai bui? či yaɣun-du duratai bui?
	키릴몽골문	Чи энэ жил хэдэн настай вэ? Чи юунд дуртай вэ?
	한국어	너는 이번 해에 몇 살이니? 너는 무엇을 좋아하니?

2. ta: та, 당신

ᠲᠠ	- 〈ᠴᠢ〉(či)와 같은 2인칭 대명사. - 그러나 〈ᠴᠢ〉(či)와는 달리 존중과 예의의 의미를 강조한다. - 후배가 선배를, 아랫사람이 윗사람을 지칭할 때 일반적으로 사용한다.

ᠲᠠ ᠶᠠᠮᠠᠷ ᠠᠵᠢᠯ ᠬᠢᠳᠡᠭ ᠪᠤᠢ？　ᠲᠠ ᠬᠡᠨ ᠪᠤᠢ？	라틴전사	ta yamar aǰil kideg bui? ta ken bui?
	키릴몽골문	Та ямар ажил хийдэг вэ? Та хэн бэ?
	한국어	당신은 어떤 일을 합니까? 당신은 누구십니까?

연습 문제 1: 본문 두 번 따라 쓰기

①	②	③	④	⑤	⑥	⑦	⑧	①	②	③	④	⑤	⑥	⑦	⑧

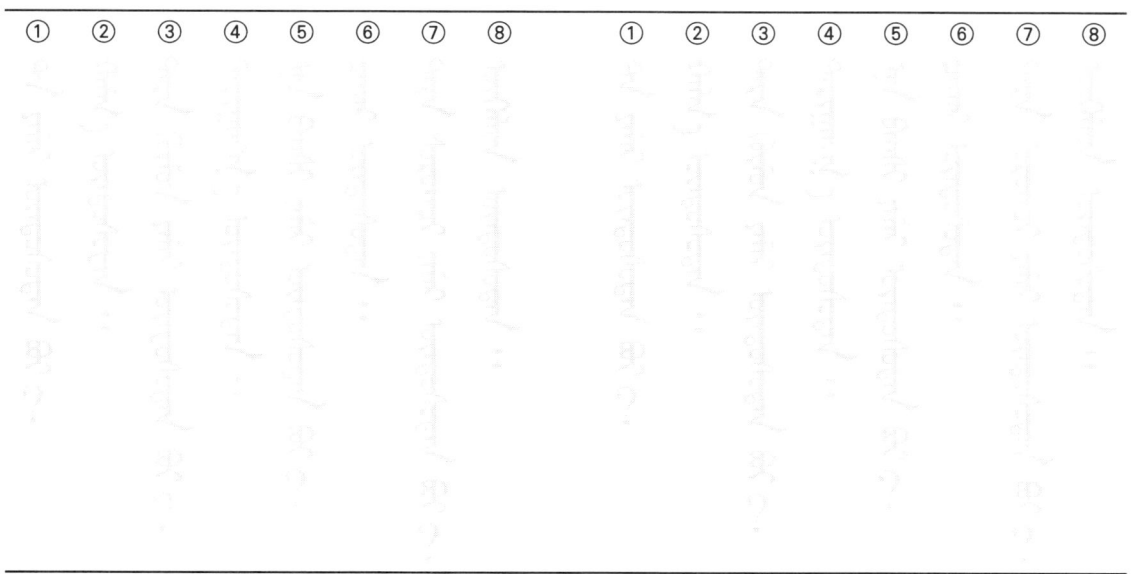

연습 문제 2: 새로운 단어 따라 쓰기

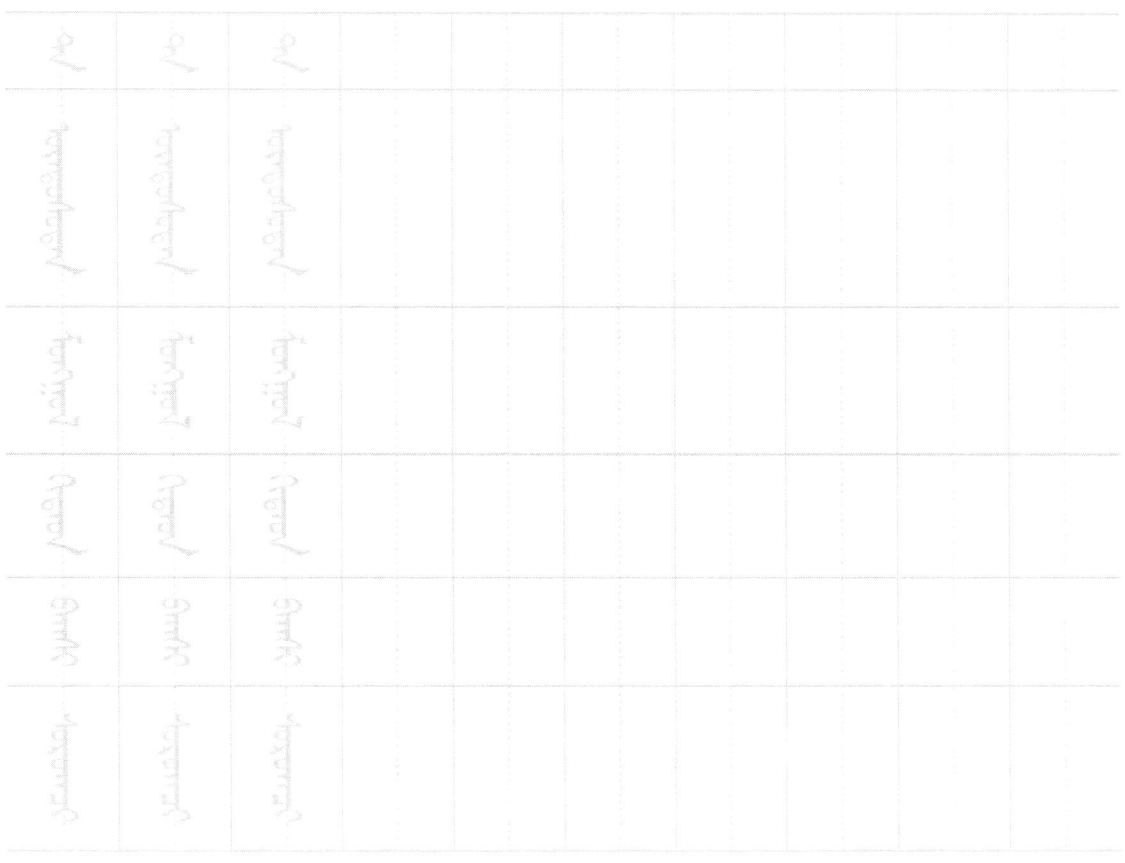

몽골 문화 더보기

몽골 영토 내의 몽골 민족은 20여 개의 부족으로 구성되어 있다. 이 중 할하족이 큰 비중을 차지
한다. 몽골 민족의 90% 이상이 몽골어를 사용하지만, 부족에 따라 투르크어계 언어를 사용하는 부
족도 있다. 몽골 민족들은 종교, 복식, 주거 등에서 다양하고 독특한 문화를 가진다.

Халх	Дөрвөд	Баяд	Буриад	Захчин	Цаатан	Урианхай	Дархад	Өөлд	Хотгойд

Торгууд	Хотон	Мянгад	Барга	Үзэмчин	Хамниган	Чантуу	Сартуул	Харчин	Баарин

Хуучид	Хорчин	Түмэд	Дарьганга	Элжигэн	Цахар

참고 문헌

니콜라스 뽀빼 지음, 유원수 옮김(1992), 『몽골문어문법』, 민음사.

N. Poppe(1954), 『Grammar of Written Mongolian』, OTTO HARRASSOWITZ·WIESBADEN.

Ч. Лувсанжав(1980), 『Učebnice mongolského písma』, Praha: Statni pedagogicke nakladatelstvl.

Ш. Чоймаа·П.Найданжав(1990), 『Монгол бичгийн зөв бичих дүрмийн хураангуй』, Улаанбаатар.

Ц. Шагдарсүрэн(2001), 『Монголчуудын үсэг бичгийн товчоон』, Улаанбаатар.

清格尔泰(1991), 『蒙古语语法』, 内蒙古人民出版社出版.

包·乌尼尔(2006), 『乌云达来丛书 蒙文字母卡』, 内蒙古人民出版社出版.

巴图·宝玉(2007), 『蒙古语学习读本』, 内蒙古少年儿童出版社.

苏义拉·赛音贺希格(2017), 『蒙古语速成会话教程』, 内蒙古教育出版社.

那顺巴图(2018), 『轻轻松松学蒙古语』, 内蒙古科学技术出版社.

那顺巴图(2020), 『蒙古语入门』, 内蒙古科学技术出版社.

阿迪雅(2021), 『蒙古语会话手册』, 内蒙古出版集团 内蒙古科学技术出版社.

フフバートル(1997), 『続モンゴル語基礎文法』, インターブックス.

フフバートル(2013), 『モンゴル語基礎文法』, インターブックス.